Christiane Eisler-Mertz

DIE SPRACHE DER HÄNDE

Christiane Eisler-Mertz

DIE SPRACHE DER HÄNDE

Was uns unsere Gesten verraten

mvg

Die Deutsche Bibliothek – CIP-Einheitsaufnahme

Eisler-Mertz, Christiane:
Die Sprache der Hände : was uns unsere Gesten verraten / Christiane Eisler-Mertz. – Landsberg am Lech : mvg-verl., 1997
(mvg-Paperbacks ; 564)
ISBN 3-478-08564-0

Der Verlag bedankt sich für die freundliche Unterstützung bei der Erstellung der Fotos bei Christiane Eisler-Mertz, Constanze Meier-Faust, Harald Landeck und Roland Leischner.

Das Papier dieses Buches wird möglichst umweltschonend hergestellt und enthält keine optischen Aufheller.

Umschlaggestaltung: Vierthaler & Braun, München
Fotos: Peter Ehlert, München
Satz: Fotosatz Buck, Kumhausen
Druck- und Bindearbeiten: Ebner, Ulm
Printed in Germany 080 564/797502
ISBN 3-478-08564-0

Inhaltsverzeichnis

Die Ursignale der Menschheit

Tag für Tag haben wir Fragen zu stellen und Antworten zu geben, die wir nach einigen Minuten vergessen haben:

„Hallo, guten Morgen! Schönes Wetter heute! Endlich mal kein Regen! Kalt ist es geworden. Geht's gut? Ich kann nicht klagen. Ich bin zufrieden, einen schönen Tag noch!"
„Hallo guten Morgen! Schönes Wetter heute! Endlich mal kein Regen …"

… und ähnliches mehr. Mittags wissen Sie nicht mehr, wem Sie was, wann, wo und wie gesagt haben.

Das sind beiläufige Umgangsfloskeln, die dem anderen eigentlich nur Erkennungsmerkmale vermitteln, vielleicht auch etwas Freundlichkeit. Oder diese Bemerkungen sollen uns wie eine Schutzhülle vor lästigen Fragen, endlosem Geplapper oder Zudringlichkeit bewahren.

Wir könnten statt dieser austauschbaren Sätze auch „Maumimamumau" sagen, oder „ruckedigu" oder „lumlalei". Glauben Sie nicht? Probieren Sie's mal. Ich habe das gemacht, morgens beim Brötchenholen im Vorbeigehen zum Nachbarn freundlich „ruckedigu" zugenickt, dem Briefträger von weitem ein „Maumimamumau" zugerufen. Sie sehen einen Moment den Ausdruck „Was hat die eben gesagt?" in seinem Gesicht – mehr nicht. Und schon ruft er zurück: „Keine Post heute!" und eilt weiter.

Wir können also durchaus etwas sagen, was mit unserer tatsächlichen inneren Stimmung überhaupt nichts zu tun hat! Es geschieht fast automatisch, daß wir jeden Tag solche Begrüßungs- oder Erkennungsfloskeln austauschen.

Wir haben auch gelernt, den Ausdruck der Angst, der Verzweiflung oder des Kummers nicht unentwegt in unseren Mienen zur Schau zu stellen. Wir zwingen uns ein gefaßtes Gesicht ab oder ein beherrschtes Mienenspiel, Augen, die irgendwie vorbeischauen, um nichts zu verraten. Schon eher lassen wir den Ausdruck der Freude zu, der Erheiterung, des Erstaunens, oder ein fröhliches Lachen.

Wie oft aber müssen wir uns im Beruf oder in Gesellschaft etwas Mühe geben, um nicht zu zeigen, wie extrem unsympathisch, wie unangenehm uns jemand ist; wie er uns auf die Nerven geht!

Oder: Wie aufgeregt ich bei dem Gespräch bin! Was habe ich für Herzklopfen! Ich kriege Gummibeine, wenn mich dieser Mann ansieht! Wenn es bloß niemand merkt, daß ich ganz verrückt vor Freude bin. Also ruhiges Gesicht – Fassung bewahren – so ein Angebot hab ich in meinen kühnsten Träumen nicht erwartet!

Wir reden also meistens mit nichtssagenden, freundlichen Worten oder ausdruckslosem Gesicht. Wir bemühen uns bei Gesprächen, die uns gefühlsmäßig bewegen, um beherrschte Mienen. Nicht jeder muß oder soll hören und sehen, wie es um uns steht.

Worte und Mienen haben wir also oft unter Kontrolle. Das ist auch häufig notwendig, um unser Zusammenleben, unsere Kommunikation im Gleichgewicht zu halten. Nur an eines denken wir nicht: an unsere Hände, die im Stehen oder Sitzen fast immer an einer Unterredung beteiligt sind, wobei wir nicht nur die Hände, sondern unbedingt auch die Arme einbeziehen müssen.

Heute ist das Darbieten der ungeschützten Brust international das Zeichen von „Ich ergebe mich", „Ich liefere mich aus."

In jedem Krimi ist der Ruf „Hände hoch" das Signal, daß der andere unterlegen, besiegt und entmachtet ist. Die Waffe wegzuwerfen oder mit ausgebreiteten Armen um Schutz zu bitten oder sich zu ergeben gehört zu den ältesten Körpersprachesignalen der Menschheit und wird von allen Rassen und auf allen Kontinenten verstanden.

Das wirft einen Aspekt der Körpersprache der Hände auf, der uns absolut geläufig ist und über den wir gar nicht mehr nachdenken: die wortlose Verständigung über Grenzen und Sprachbarrieren hinweg, die wir mit den Händen ausführen.

Machen Sie doch mal spaßeshalber diese Signale mit, und stellen Sie sich vor, Sie wären in Alaska oder Australien notgelandet und stünden Ureinwohnern gegenüber, die anders aussehen, eine andere Hautfarbe haben, und Sie verstehen kein Wort. Wie tauschen Sie die wichtigsten Überlebenssignale aus?

Sie haben Durst. Was machen Sie?

Sie halten den Kopf nach hinten, schmatzen mit Zunge und Gaumen und gießen sich mit gewölbter Hand eine imaginäre Flüssigkeit in den Mund. Diese Geste kennt jeder. Man versteht dieses Signal ohne Worte.

Sie haben Hunger. Was machen Sie?

Sie reiben Ihren Bauch, machen den Mund schmatzend auf und zu – und schaufeln mit der Hand einen Bissen nach dem anderen hinein. Man versteht Sie ohne Worte.

Sie frieren. Was machen Sie?

Sie verschränken leicht die Arme und reiben mit den Händen die Oberarme auf und ab, während Sie schnelle Atemlaute ausstoßen: „Ha … ha … ha!“ – man versteht Sie sofort.

Sie schwitzen entsetzlich. Was machen Sie?

Sie nehmen Arme und Hände und tun so, als reißen Sie sich die Bluse, das Hemd von der Brust. Dabei lassen Sie heftig Luft aus: „Ffh … ffh … ffh …!“ – jeder weiß, was das heißt.

Sie haben Schmerzen. Was machen Sie?

Ihre Hände zeigen oder drücken auf verschiedene Körperstellen, und Sie stoßen dabei kleine Jammerlaute aus: „Au … au … au …!“ Das wird man überall begreifen.

Es gibt zahllose solcher körpersprachlichen Signale, die anderen ohne Worte Ihren momentanen Zustand vermitteln.

Wir können dies die Ursignale der Menschheit nennen. Es fehlten früher oft die Worte, aber die Hände drückten höchst anschaulich aus, was man wollte. Und diese Signale haben sich bis heute nahezu unverändert gehalten.

Der verkleidete Neandertaler

In unserem Jahrhundert ist die Welt klein geworden, die Sprachen sind weltweit und international.

Die Medien wie Film, Funk und Fernsehen haben zu einer unglaublich beredten Kommunikation geführt.

Trotzdem ist eine Tatsache verblüffend: Die Urmerkmale der Sprache unserer Hände sind so tief in uns verankert, daß wir sie mühelos verstehen. In jedem Hotelzimmer, in jedem Land gibt es meist Radio und Fernsehen. Hören Sie einmal aufmerksam die Kommentare oder Berichte im Hörfunk. Sie werden ein paar Namen wiedererkennen – Politiker, Sportler, Stars – aber ansonsten wahrscheinlich nichts verstehen.

Jetzt sehen Sie im Fernsehen einen Filmausschnitt in der gleichen fremden Sprache, und schnell ist Ihnen die Situation vertraut: Die scheinen wohl verliebt ineinander – die Bewegung des Streichelns kennen Sie, die Hände, die sich zärtlich drücken, die Finger, die das Gesicht des Partners liebkosen. Ebenso die geballten Fäuste, das wütende Kratzen der Nägel, die drohenden Stöße der Arme, die Ihnen Aggression und Wut verraten.

Nun ist es sehr verblüffend, daß bestimmte Handsignale uralt sind, sozusagen aus Neandertalers Zeiten. Manche wiederum haben sich völlig neu aus Zeitströmungen und Zeitveränderungen entwickelt.

Hier zwei Beispiele dafür:

Zum einen gibt es die Kampfgeste des hochgerissenen oder waagerecht gestreckten rechten Armes mit geballter Faust. Wir können ihren Ursprung bis in die Anfänge der Menschheit zurückverfolgen.

Zum anderen: „Den Vogel zeigen“, eine Handbewegung, besonders bei Autofahrern gebräuchlich und verpönt, aber auch im verärgerten, zornigen Affekt ausgeführt, um dem anderen zu sagen „Bei Dir ist etwas nicht ganz richtig im Kopf“.

Diese Geste gab es früher nicht!

Man machte seinem Ärger anders Luft. Die international als Beleidigung gedachte Bewegung ist neueren Datums. Dieses „Bei Dir ist etwas nicht ganz richtig im Kopf“ weist uns auf die rechte Spur: Es ist das Gedankliche, die falsche Reaktion, die dumme Bemerkung, die mit dem Kopf, mit dem Intellekt gekoppelt ist.

Der Neandertaler „dachte“ in diesem Sinn noch nicht falsch oder böse. Seine Gesten, seine Bewegungen entstanden aus der Emotion, aus Angst, Wut oder Freude.

Bleiben wir noch bei dieser Ursprache unserer Hände, in die auch die Arme einbezogen waren. Nehmen wir ruhig die Sippe der Neandertaler, Männer, Frauen, Kinder. Die typische „Familie“ entstand erst Jahrtausende später.

Man lebte – besser man „überlebte“ – in Höhlen im ständigen, erbitterten Kampf gegen die Unbilden der Natur. Man mußte sich vor Stürmen und Steinschlag schützen. Eis und Schnee drohten mit erbarmungslosen Kälteeinbrüchen. Wasserfluten überschwemmten die Landschaft, die ein undurchdringlicher Urwald war. Raubtiere von gewaltiger Größe waren eine ständige Bedrohung.

Während man das kostbare Feuer in den Höhlen schützte und wartete, mußten die Männer Tiere jagen und erlegen, um genügend Nahrung für die Gruppe zu haben.

So war dies wohl die erste Geste der Menschen, aus Instinkt, Notwehr und Überlebensdrang geboren: Der erhobene Kampfarm – meistens rechts – mit einer Waffe, beispielsweise einem Steinknüppel, in der Hand, um den Feind, den Wolf, den Bären, den Eber zu erlegen, um nicht selbst getötet zu werden und um Nahrung zu haben. Wenn die Waffe aus der Hand fiel oder aus der Hand geschlagen wurde, blieb nur die Umklammerung des Gegners mit beiden Armen und der Kampf mit bloßen Fäusten.

Merken Sie etwas?

Das ist geblieben! Zwar müssen wir heute keinen Gorilla und auch keinen Auerochsen erlegen, aber die Urbewegung des Kampfes führen wir in unserer Zeit noch genauso aus.

Denn der Neandertaler sah sich irgendwann einem menschlichen Feind gegenüber, der seine Höhle, seine Vorräte und sein Feuer für sich haben wollte. Eilen Sie im Laufschritt durch die Jahrtausende aller Kulturen: Der Stein in der Faust des Neandertalers hat sich nur verwandelt – in Axt, Messer, Dolch, Pfeil und Bogen, Säbel, Degen, Gewehr, Pistole, Revolver! Angriff und Verteidigung sind sich in der Urform gleichgeblieben.

Übrigens war die gehobene Faust stets eine ausgesprochen männliche Geste. Was taten die Frauen?

Die Höhle des Neandertalers war bewohnt von Frauen und meistens einem Rudel Kinder. Es gab keine Familie, so wie wir sie heute kennen. Die Frauen hüteten das Feuer, brieten das Fleisch, zermahlten und zerdrückten Körner und Pflanzen. Dabei nährten sie die Kleinen. Und drang eine Bestie in die Höhle oder gar ein menschlicher Angreifer, scharten sie die Brut um sich, warfen sich auf die Kinder, schützten den meist schwangeren Leib mit über dem Bauch gekreuzten Armen. Das war die Urgeste der Frauen: an sich reißen, bewahren, schützen.

Wir eilen wieder durch die Jahrtausende: Die Frauen, flüchtend oder in Angst erstarrt, ob in Fellen, in Leinengewändern, in Lumpen, in Reifröcken, in Tuniken oder Hausschürzen, wehrten sich so gegen den eindringenden Wolf oder Luchs. Aber vor allem gegen eine mordende und meuchelnde Soldateska haben sie sich und die Kinder in allen Jahrhunderten mit der beschützenden und bewahrenden Geste des An-den-Leib-Pressens verteidigt. Denn die Vergewaltigung war zu allen Zeiten der Triumph und das Privileg des Siegers.

Flucht, Kriege und Hungersnot zeigen uns noch heute im Fernsehen die gleichen Bilder: Junge Männer gehen steineschleudernd auf die Gegner zu, Frauen drücken bei Angriffen angstvoll die Kinder an den Körper, sie und sich selbst mit Armen und Händen schützend.

Das sind Ur-Körpersignale, die in Extremsituationen zum Vorschein kommen. Zum Glück sind sie in unserem Alltag selten. Glauben Sie?

Wirklich?

Diese archetypischen Gesten – d.h. über zahlreiche Generationen vererbte und gewachsene Gesten – führen wir heute noch aus: spezifisch weiblich und spezifisch männlich.

Wütende Fußballfans, aufgebrachte Stammtischpolitiker – was tun sie, wenn sie in Rage sind? Wir sehen den zornig erhobenen, drohenden Arm und eine geballte Faust. „Was soll denn dieser Elfmeter? Schieß doch, Uli, schieß!" Oder: „Diese Verbrecher mit ihrer Rentenreform! Aufknüpfen sollte man die Kerle!" Eine typische Männerreaktion, wenn sie etwas ärgert oder ihnen etwas gegen den Strich geht. Der Neandertaler läßt immer wieder grüßen.

Und was sehen Sie in der Bahn, im Bus? Frauen steigen ein, mit ihrer Handtasche, setzen sich auf einen Platz, legen oder stellen die Tasche in ihren Schoß. Oft werden zusätzlich die gefalteten Hände darübergelegt. Frauen machen also unbewußt die uralte Gebärde, das Kind im Bauch zu schützen; die Hände bewahren den Schoß vor Vergewaltigung. Natürlich haben sie keine bewußte Angst! Und das Kind (Portemonnaie) im Bauch (Handtasche) lohnt keinen Diebstahl – aber es ist die archetypische weibliche Schutzgeste.

Männer stellen ihre Aktentasche meist neben sich und lesen ungeniert und breitbeinig Zeitung – im Gegensatz zu Frauen. Frauen schimpfen auf dem Fußballplatz und kreischen im Wirtshaus, aber ohne erhobene Fäuste und Drohgebärden – im Gegensatz zu Männern.

Es gibt eine Verschiebung in unserem Jahrhundert, die die Mode diktierte: Frauen in Hosen gleichen sich den

Männern an – allerdings schlagen sie meistens wenigstens ein Bein schützend über das andere.

Eine weitere Aussage der Körpersprache der Hände, die uralt ist und bis in die heutige Zeit unbewußt, wenn auch mit „kultiviertem“ Inhalt, verwendet wird:

Der Mensch wird angegriffen und verteidigt sich gegen Stöße und Hiebe. Mit angewinkelten Ellenbogen reißt er beide Arme vor der Brust hoch, einen etwas höher als den anderen, und dahinter versteckt er den leicht geneigten Kopf. Man schützt also Brust und Herz und verbirgt das Gesicht hinter vorgeschobener Arm-Mauer vor den drohenden Fäusten des Gegenübers. Eine Gebärde, die Männer und Frauen ausführen.

Das tut man noch heute!

Aber man tut es „verkleidet“ noch viel häufiger!

Bei einer Kontroverse, einer Befragung, einer Diskussion verschränkt man die Hände und Arme – meist unbewußt – vor der Brust. Die Abwehr-/Verteidigungshaltung ist einem maßvollen Überkreuzen der Arme zum Schutz des Herzens gewichen. Die eine Hand ist meist verdeckt unter dem Oberarm, die andere liegt mit deutlich umklammernden Fingern auf dem Oberarm. Es ist oft sehr wichtig, wie wir das machen. Welche Hand verdecken wir, welche liegt obenauf? (Foto 1)

Machen Sie doch jetzt mal diese Geste!

Wir pflegen sie nämlich immer in derselben Art zu machen. Entweder liegt die rechte Hand auf dem linken Oberarm, oder umgekehrt. Wenn Sie es „andersrum“ versuchen, werden Sie sich verheddern, und es ist Ihnen unbequem. Oder aber beide Hände umklammern beidseitig die Oberarme.

Oder beide Hände sind unter den Oberarmen versteckt. Sie können das übrigens glänzend beobachten: In einer Gesprächsrunde, im Büro oder Betrieb, bei einer Besprechung oder sehr deutlich bei jeder Talkshow im Fernsehen.

Wissen Sie, was wir damit verraten?

Wir schützen uns vor dem Angreifer, wir lassen ihn nicht an uns heran, wir bewahren uns! Auch wenn der andere nur mit Worten gegen uns kämpft.

Nie verraten die gekreuzten Arme „Jetzt mache ich es mir gemütlich!"

Sie sind anderer Meinung und sagen „Ich sitze gerne so vor dem Fernseher, beim Krimi, beim Tennis!"

Richtig!

Aber würden Sie jetzt gerne Ihrer Frau beim Fensterputzen helfen, dem Sohn die Quadratwurzel erklären oder den Anruf Ihrer Mutter über den verregneten Urlaub anhören?

Zum Kuckuck, nein! Sie wollen jetzt die Morde genießen oder den Aufschlag von Steffi verfolgen. Ihre Haltung signalisiert deutlich: „Laßt mich jetzt in Ruhe!"

Wir haben also festgestellt, daß es einige typische Gesten der Hände und Arme gibt, die wir seit Urzeiten machen, über die man gar nicht nachdenkt – Signale mit oder ohne Worte. Dazu gehören auch die Gebärden der drei berühmten Affen: Nichts sehen, nichts hören, nichts sagen … Die

Finger bedecken die Augen, verstopfen die Ohren, verschließen den Mund. Jeder weiß, was das heißt.

Oder: Wir verschränken und verzahnen die Finger ineinander, aus Kummer, Verzweiflung, voller Angst oder im versunkenen Gebet. Es ist eine Geste der Konzentration, der Sammlung. Im Krankenzimmer, bei Beerdigungen, im Konzert. Kein Mensch würde diese Gesten mit dem Ausdruck von Heiterkeit in Zusammenhang bringen.

Zu solchen typischen Gebärden gehören zahlreiche Handbewegungen, die unseren Worten Nachdruck verleihen: winken, wegscheuchen, die Tür weisen, herbeilocken, in die Hände klatschen, mit den Händen auf und ab fächern, „langsam-langsam" signalisieren oder mit dem Wedeln der Hand „schneller-schneller" anzeigen.

Wir heben den Arm und melden uns damit zu Wort. Wir strecken dem anderen die leeren Handinnenflächen entgegen und jeder weiß: „Leider hab ich kein Geld bei mir!" (Foto 2)

Wir können diese Gruppe als unmißverständliche und eindeutige Gebärden bezeichnen. Sie haben sich über Jahrhunderte gehalten und brauchen nicht näher erläutert zu werden.

Die zweckgebundenen Gesten

Es gibt nun außerdem Gesten und Bewegungen, die charakteristisch für eine längere oder kürzere Zeitepoche sind.

Beispiel:

Wenn Sie alte Fotografien von Schulklassen früherer Jahrgänge betrachten, wird Ihnen auffallen, daß die Jungen und Mädchen ihre Hände und Arme im Rücken verschränkt halten und sich gerade an die hölzernen Bänke lehnen. Man bespöttelt das gerne als „Unterdrückungshaltung, angepaßte Zwangsmaßnahme an autoritäre Lehrer". Der praktische Zweck dieser Anordnung, die von den Kindern der kleineren Klassen widerspruchslos befolgt wurde, war folgender:

1. Die Kinder waren gezwungen, zu denken, zu sprechen und zuzuhören, ohne durch Spielen, Kramen oder Fuchteln der Hände abgelenkt zu sein.
2. Man mußte gerade sitzen und konnte sich nicht in der Bank lümmeln – was Haltungsschäden vorbeugte.
3. Die Anzahl der Schüler war früher viel höher. Oft wurden zwei Jahrgänge gleichzeitig unterrichtet. Das Schummeln und Zettelzustecken war damit erheblich schwieriger und erleichterte dem Lehrer den Überblick. Zweifellos sollte diese Haltung die Kinder auch inaktiver und unterwürfiger machen.

Ob die laxe Haltung der „Beine-auf-dem-Tisch"-Generation soviel besser ist, ist Ansichtssache. Sie strecken dem Gegenüber ja damit die Schuhsohlen entgegen, mit denen Sie in Dreck und Abfall treten. Im Grunde genommen sagt das: „Mehr bist Du für mich auch nicht wert!"

Ein zweites Beispiel dazu:

Witzblätter früherer Jahrgänge karikierten den Gelehrten, den strengen Lehrer häufig mit auf dem Rücken verschränkten Händen und leicht geneigtem Kopf. „Hach, wie steif und stur das aussieht!", sagen die einen. Man kann auch folgern: Mit dieser unbewußten, disziplinierten „Fessel" ließ sich der Lehrende nicht ablenken oder aus der Ruhe bringen.

Es gibt quer durch die Jahrhunderte viele zeitbezogene Gesten, über die wir heute lachen oder staunen, die uns fremd sind und beängstigend wirken: Das Strammstehen und Hackenzusammenknallen, mit dem „Hände-an-die-Hosennaht"-Syndrom verbunden, war lange eine typisch militärische Geste. Der obligate „Handkuß", bei dem man später eher den eigenen Handrücken berührte, ist ebenfalls ein Relikt vergangener Zeiten – gelegentlich von Kavalieren der alten Schule praktiziert.

Der Kratzfuß – verbunden mit schwungvoller Armbewegung, als würde man ein Barett schwenken – gehört auch der Vergangenheit an.

Alle diese Gesten waren eindeutig, zweckgebunden und wurden auch so gewertet. Sie hatten keine andere Aussage.

Die unbewußten Handsignale

Sehr viel wichtiger in ihrer Bedeutung sind die Gesten, die wir während Gesprächen machen und überhaupt nicht bemerken! Sie erzählen nämlich dem Zuhörenden sehr viel über unsere wahren Gefühle und Emotionen. Auch wenn die Worte etwas anderes aussagen! Etwas geschulten Augen fällt mit der Zeit die Diskrepanz zwischen gesprochenen Aussagen und emotionalen Reaktionen auf:

Bei einem Empfang war mir unglücklicherweise ein schönes, geschliffenes Weinglas aus der Hand gerutscht und zerbrochen. Ich entschuldigte mich vielmals für mein Ungeschick. „Aber das macht doch nichts," rief die Dame des Hauses munter und klatschte fröhlich in die Hände, „Ich bitte Sie! Es ist doch nur ein Glas!". Erneutes bekräftigendes Händeklatschen: „Ist schon vergessen!" Und damit ich es auch ja begreife, nochmal ein abschließender Klatscher.

Machen Sie das mal spaßeshalber! Sie hat mir, ohne es zu wissen und zu wollen, drei kräftige Ohrfeigen gegeben.

Dieses Beispiel gehört zu den Situationen, bei denen man später denkt: „Das hat sie wohl doch geärgert mit dem Glas – ich hatte so ein komisches Gefühl …!"

Recht haben Sie!

Wenn Sie gelernt haben, diese unbewußten Handsignale zu sehen, können Sie das „komische Gefühl" richtig deuten: „Sie hat mich mit drei Watschen bestraft!"

Oder Sie sind in einem Verhandlungsgespräch. Auf dem Schreibtisch steht ein Aschenbecher. Vielleicht sind Sie etwas nervös – Sie fragen, ob Sie rauchen dürfen. Die Dame gegenüber schiebt Ihnen den Aschenbecher zu, sagt freundlich „Aber bitte sehr!“, lehnt sich etwas in ihrem Stuhl zurück und hüstelt zweimal. Dabei hält sie leicht die Hand vor den Mund und scheucht mit einer kleinen Bewegung das Räuspern von sich weg. Alles zu Ihnen hin. Völlig normal – es fällt gar nicht auf mitten im Gespräch.

Wenn Sie die unbewußten winzigen Reaktionen registriert hätten, würden Sie sofort wissen: Sie schiebt mir den Aschenbecher zu, lehnt sich aber dabei zurück in ihren Stuhl. Sie hüstelt, weil der Rauch sie jetzt schon stört und wedelt den zu erwartenden Qualm auch noch in meine Richtung. Rauchen ist jetzt also wohl nicht gerade erwünscht!

Winzige Signale stellen oft die Weichen für das gute Gelingen eines Gesprächs. Mehr darüber ab Seite 119 unter der Überschrift „Handsignale – unterstützend oder hemmend?“

Wir führen ein Gespräch – nicht nur mit Worten!

Fast alle Gespräche finden im Sitzen statt. Entweder trennt (oder verbindet) uns ein Schreibtisch, oder eine sogenannte kleine Zweier- oder Dreiergruppe mit Mitteltisch bildet den Treffpunkt.

Beim Schreibtisch sehen wir den Kopf und den Oberkörper mit Armen und Händen. Bei der kleinen Sitzgruppe ebenfalls den Oberkörper mit Armen, Händen und Kopf plus eine mehr oder weniger statische Becken- und Beinpartie – mal links, mal rechts abgewinkelt oder halb unter dem Tisch verborgen.

Wir wollen dieses Gegenüber kennenlernen; die Verhandlung, das Gespräch ist äußerst wichtig für uns. Wie schätze ich den anderen ein? Kann ich seinen Worten glauben – denkt er so, wie er redet? Es wäre doch gut, wenn man einige Anhaltspunkte hätte. Gibt es bestimmte Muster, an denen man sich orientieren kann?

Die vier Elementgruppen

Es gibt eine uralte, seit über zweitausend Jahren übernommene Einteilung, die Sie alle kennen, deren verblüffende Charakteristik man nur meistens vergessen hat: die Lehre von den Elementen des Aristoteles. Bekommen Sie keinen Schrecken – Sie kennen sie seit Ihrer Kindheit. Es geht um die Einteilung in Feuer-, Wasser-, Luft- und Erdmenschen, besser bekannt unter den Bezeichnungen Choleriker, Melancholiker, Sanguiniker und Phlegmatiker.

Der Volksmund hat für jeden dieser vier Typen ein Schlagwort parat:

Choleriker sind aufbrausend.
Melancholiker sind traurig.
Sanguiniker sind fröhlich.
Phlegmatiker sind träge.

Das ist natürlich sehr simpel und wird der bunten Vielfalt dieser Gruppen nicht gerecht. Aber eines wissen Sie auf Anhieb: Einen Sanguiniker müssen Sie anders behandeln als einen Melancholiker, ein Choleriker reagiert völlig anders als ein Phlegmatiker.

Nun sind solche Unterschiede im Privatleben, in der Familie, bei dauerndem Zusammensein ja an tausend Dingen festzustellen. In der Sprache, am Ton, in lebhaften oder verhaltenen Bewegungen, schnellen Reaktionen oder vorsichtigem Herantasten.

Sehr viel schwerer fällt das im sachlichen Gespräch, beim Verhandeln, im beruflichen Miteinander. Man ist sich fremd, man bemüht sich um das Thema, das Fachgebiet und achtet auf jedes Wort. Private Gefühle sind nicht gefragt, man beschränkt sich auf beiden Seiten auf einen freundlich-höflichen Ton, eine gewisse sachliche Distanz. Wir setzen dann unser Verhandlungs- oder Berufsgesicht auf. Manchmal geben wir uns viel jovialer, als wir von Natur aus sind. Manchmal zeigen wir sehr viel mehr Zurückhaltung, als wir eigentlich wollen. Manchmal treten wir sehr viel dominanter und souveräner auf, als es unserem Wesen entspricht. Manchmal zeigen wir uns der Umwelt viel feinnerviger und sensibler, als es der robuste Kern eigentlich nötig hat. Bitte bedenken Sie, daß zahlreiche Berufe dieses Image erfordern! Ein Arzt oder Psychologe, der dauernd nur laut lacht oder mit wilden Gesten die Patienten aufmöbeln will, wird bald leere Sprechzimmer haben.

Eine Angestellte im Reisebüro, die leise und stockend mit niedergeschlagenen Augen und gerungenen Händen auf eventuelle Schönheiten einer Landschaft aufmerksam macht, wird kaum Kunden gewinnen. Ein Auto-Verkäufer, der bedächtig und wortkarg die Vorteile eines Sportwagens erwähnt, wird kein Spitzenverdiener werden.

Ein Esoteriker, der heilende Kräfte durch Handauflegen und Sensibilisierung verheißt, wird seine Zuhörer kaum mit lautem Hallo und kräftigem Schulterklopfen einstimmen.

„Die wählen alle auch nicht solche Berufe“ sagen Sie. Leider werden wir aber sehr häufig *von* Berufen gewählt, gerade heute, wo einer für ein ganzes Leben meist nicht mehr ausreicht. Bleiben wir beim „Durchschnittsberuf", wo wir unser „Durchschnittsberufsverhalten" einsetzen. Wir machen das ja nicht, um die anderen zu täuschen! Wir verhalten uns so, wie es für uns die beste Art ist, durchs Leben zu gleiten. Es ist der Taucheranzug, mit dem wir uns am leichtesten im Berufswasser fortbewegen. Oder eine Art Handschuh, den wir überziehen, um die zarte Haut darunter nicht dauernd zu verletzen.

Das tun wir alle. Wie aber sehen wir, was der andere Mensch wirklich meint?

Die unbewußten Handgesten während des Gesprächs zeigen uns – durchscheinend unter der Fassade der Worte – wie der andere wirklich ist! Wir wollen das einmal an den Handbewegungen der Elementgruppen beschreiben.

Die Gruppe der Sanguiniker

Jemand redet viel mit den Händen. Er bewegt die Hand locker im Gelenk, die Finger unterstreichen seine Worte. Er spreizt oder krümmt sie mal mit den Fingerspitzen zu Ihnen, mal zu sich gewandt. Gelegentlich sehen Sie sogar die Innenhand, die er Ihnen ohne Scheu hinhält. Oft greift er zu Gegenständen wie Bleistift, Akte oder Buch. Oder er berührt seine Nasenspitze, zupft an der Krawatte, spielt mit einer Halskette – kurz, er ist ein „Wedler".

Da mag er noch so sachlich, kühl und logisch argumentieren, – dieser Mensch ist zweifellos extrovertiert, also nach außen gerichtet. Er ist lebhaft, und die bewegten Hände und Finger verraten Kontaktfreude, schnelle Reaktion und Aufnahmefähigkeit. (Foto 3)

Dies sind untrügliche Merkmale für Sanguiniker, also eher bewegte, luftige Menschen. Der Ausdruck „Sanguiniker sind fröhlich" stimmt nur bedingt! Sie nehmen alles leichter, wirken oft jugendlich, lachen oder kichern gern. Aber ebenso sind sie hektisch, fahrig, nervös, verhuscht und vergeßlich.

Die geöffneten, gespreizten Finger tragen gerne Ringe, lassen viel zu sich herein, aber ebensoviel wieder heraus. Diese Personen wedeln etwas zu sich hin, aber auch wieder von sich weg.

Die Gesten verraten:

* Schnelle Auffassungsgabe,
* flinkes Umsetzen,
* promptes Reagieren,
* Neugierde zuzuhören.

Aber Vorsicht:

* Schnelle Versprechen können rasch vergessen werden.
* Zu- oder Absagen sind oft nicht bindend.
* Ein spontanes Urteil kann morgen widerrufen werden.
* Unangenehmes wird gerne überhört.

Wie Sie reagieren sollten:

* Schnell und präzise zur Sache kommen.
* Keine „Wurzeln schlagen".
* „Ich fasse mich kurz" wird gerne gehört.
* Ein Scherz, eine Prise Witz oder Humor sind durchaus willkommen.
* Keine endlosen Vorworte und Erklärungen.
* Mit dem Lebenslauf nicht bei Adam und Eva anfangen, Krankengeschichten vermeiden.

* Nicht dauernd ins Wort fallen (er redet schon genug), kurze, klare Sätze bilden.

Und vor allem:

* Mündliche Zusagen möglichst in Kürze schriftlich fixieren. Besprochene Termine oder Geldsummen sofort für sich notieren und am Schluß nochmals bindend wiederholen.

Die Gruppe der Choleriker

Leicht gespreizte, aber relativ unbewegte Finger, maßvolles Wedeln, aber große Hand- oder sogar Armbewegungen sind meist ein untrügliches Merkmal für Choleriker, also feurige Menschen. Auch der Ausdruck „Choleriker sind aufbrausend" stimmt nur bedingt. Sie lassen alle Emotionen laut heraus, Lachen, Schimpfen, Toben, Zorn genauso wie Begeisterung, Lob, Jubel, überströmende Herzlichkeit. Sie haben von den vier Elementgruppen die größten und ausholendsten Gesten, ihre Arme bewegen sich ausbreitend oder umschließend über den Schreibtisch, öffnen sich nach allen Seiten. Wenn sie Platz anbieten, haben sie königlich große Gesten, die Finger tragen auffällige große Ringe. Etwas Theatralisches oder Dramatisches geht von den Handbewegungen aus, zumal diese Personengruppe meist sehr dominierend hinter dem Schreibtisch sitzt, oft zurückgelehnt mit erhobenem Kopf und freier Brust.

Die Handgesten verraten Energie und Kraft. Die geöffnete Handinnenfläche wird dem Besucher großzügig dargeboten, aber ebenso bestimmt fällt die Faust im nächsten Moment krachend auf den Schreibtisch nieder. (Foto 4)

Die gleiche Geste wie auf Foto 2 hat hier eine vertrauenerweckende, partnerzugewandte Aussage.

Die Gesten verraten:

* Selbstvertrauen, Offenheit und Großmut.
* Auf das klare „Ja oder Nein“ kann man sich verlassen.
* Man meint das, was man sagt.
* Man ist bereit, zu helfen – vor allem Schwächeren.

Aber Vorsicht:

* Der Choleriker redet viel, laut und gern und verlangt, daß man ihm zuhört.
* Er sieht sich als der Stärkere. Er hat immer recht und will keine Fehler zugeben.
* Hat die Faust einmal „Nein“ gesagt, wird man vergeblich bitten und betteln.
* Wenn er anbietet „Wir werden das machen“, meint er „Ich sage es, und Du wirst es tun!“

Wie Sie reagieren sollten:

* Vorsicht bei Witzen und Kalauern, denn die macht für gewöhnlich er.
* Keine Vertraulichkeiten, nicht ins Wort fallen.

* Laut und deutlich reden, das Bedanken nicht vergessen.
* Ruhig an Großzügigkeit und Autorität appellieren, dafür hat man ein offenes Ohr, übrigens auch für Schmeicheleien.
* Fast immer gilt der kräftige Handschlag.

Die Extrovertierten

Sanguiniker und Choleriker zeigen oft die Hände und verstecken sie nicht. Beide Elementgruppen sind als extrovertiert zu bezeichnen. Sie schauen nach außen und gehen auf den anderen zu. Wenn sie Reden oder Vorträge halten, unterstreichen die ausdrucksvollen Hand- und Armbewegungen zusätzlich ihre Worte.

Die Gruppe der Melancholiker

Geschlossene Finger, Hände, die beim Sprechen nahe am Körper bleiben, meist vor der Brust leicht hin- und herbewegt werden, wobei man nur die Außenhand sieht, sind meist ein untrügliches Merkmal für Melancholiker, da es sich bei ihnen um eher in sich gekehrte, stillere Menschen handelt. Wiederum stimmt der Ausdruck „Melancholiker sind traurig“ nur bedingt. Diese Menschengruppe ist durch Sensibilität und Feingefühl gekennzeichnet, durch das Wissen, daß wir eine Seele, ein Unbewußtes haben. Alle Emotionen verarbeiten sie eher innerlich, sie sind sehr empfindlich, verletzbar und das Weinen ist ihnen oft näher als das Lachen.

Ihre Gesten sind leise, klein und verhalten, die Arme bleiben körpernah. Am liebsten würden sie die Hände verbergen, was sie oft im Ärmel tun, oder halb unter einer Akte, gelegentlich kuscheln sie auch beide Hände leicht ineinander. (Foto 5)

Am Schreibtisch bleiben sie nah an ihrer Kante und vermeiden ein Übergreifen auf den Gegenübersitzenden. Der Ringschmuck ist unauffällig oder fehlt ganz.

Die Geschlossenheit der Gesten verrät eine innere Konzentration, die Fähigkeit gut zuzuhören und die Worte zu bewahren. Man überlegt und wartet ab, nichts wird schnell versprochen, schon gar nichts, was man eventuell nicht halten kann.

Die sparsamen, kaum sichtbaren Gesten verraten:

* Feingefühl,
* Takt,
* Gespür für alle Zwischentöne,
* Instinkt für die Ehrlichkeit oder Verlogenheit des Gegenübers,
* Offenheit für die Nöte, Ängste oder Sorgen des Gesprächspartners.

Aber Vorsicht:

* Melancholiker leiden oft unter Nervosität, Minderwertigkeitskomplexen und Unsicherheit.
* Nervosität oder Sprachschwierigkeiten sind nicht selten.
* Man ist überempfindlich, leicht verletzt und beleidigt.
* Man scheut direkte und prompte Zusagen. Man will Bedenkzeit und nicht überrannt werden!

Wie Sie reagieren sollten:

* Reden Sie leise, und achten Sie auf Ihre Worte.
* Machen Sie eine Pause, wenn Sie nicht weiterwissen.
* Hören Sie gut zu, und sehen Sie die Person dabei an.
* Sie können Ihre Notlage ansprechen. Meist hat diese Menschengruppe für eine ideelle, religiöse oder esoterische Grundhaltung Verständnis.
* Wahren Sie eine gewisse körperliche Distanz, rücken Sie der Person nicht zu sehr „auf die Pelle“.
* Diese Menschen entscheiden sich ungern sofort. Machen Sie also möglichst einen neuen Termin aus, aber lassen Sie sich nicht nur vertrösten!

Die Gruppe der Phlegmatiker

Fest aufliegende Handflächen, geschlossene Finger, ruhige und äußerst sparsame Gesten, eine gewisse Unbewegtheit sind meist ein untrügliches Merkmal für Phlegmatiker, also in sich ruhende, erdhafte Menschen. Wie auch bei den drei anderen Charakteren stimmt die Formel „Phlegmatiker sind träge“ nur bedingt. Sie sind nicht wirklich faul, sondern nur bedächtig und langsam. Sie reden nicht viel, und ihre Mimik ist sparsam. Ihre Kraft ist oft enorm, wenn auch nach innen geballt. Das läßt sie stur erscheinen, mit der Unerbittlichkeit einer Dampfwalze. Die fest aufliegende Handinnenfläche verrät das starke Bedürfnis nach innerer und äußerer Sicherheit. Was man hat, will man auch bewahren und behalten. Zuhören und abwarten, beobachten und ein Urteil für sich bilden – das ist dann auch ziemlich endgültig. Man zeigt es aber nicht so leicht. (Foto 6)

Die wenigen Gesten und Worte verraten:

* Bedachtsamkeit,
* Realitätssinn,
* Innere Sicherheit,
* Was man sagt, hat Bestand.

* Eine Mauer, die man mit den gegeneinandergestellten Fingern auf dem Schreibtisch bildet, ist ein zusätzlicher Schutzwall.
* Schmuck trägt man selten.
* Manchmal bekräftigt ein Handschlag auf die Tischplatte das Gesagte.

Aber Vorsicht:

* Der Phlegmatiker kann abblocken – er stellt sich stur, wenn er nicht will. Dann hört er auch nicht mehr zu.
* Man darf ihm nicht zuviel zumuten.
* Die ruhige Gelassenheit setzt viele Leute außer Gefecht. Sie werden nervös, wiederholen sich ständig, weil sie auf eine Reaktion warten. Die kommt nicht, und das geschieht absichtlich.
* Der Phlegmatiker kann überraschend reagieren, indem er zum Schluß eine knappe, klare Entscheidung fällt. Oder er schweigt.

Wie Sie reagieren sollten:

* Klare Sätze,
* Sachlichkeit,

* präzise Formulierung,
* nichts verwässern,
* kein Gefühlsüberschwang,
* Hände ruhig halten, nicht herumzappeln,
* Distanz wahren, aber Sie dürfen höflich eine klare Aussage oder Entscheidung fordern. Meist bekommen Sie die dann auch – und auf sie ist Verlaß.

Die Introvertierten

Melancholiker und Phlegmatiker zeigen weniger Gesten der Hände, verstecken meist die sensiblen Innenhandflächen, und ihre Bewegungen sind eher sparsam. Beide Elementgruppen kann man als introvertiert bezeichnen. Sie hören nach innen und warten ab, ob der andere ihnen entgegenkommt. Wenn sie Reden oder Vorträge halten, schützen sie sich mit leicht bewegten Händen vor der Brust oder suchen Halt am Pult, in der Hosentasche oder am Manuskript.

Nun haben wir die vier Elementgruppen mit einer Grundcharakteristik gekennzeichnet. Jede Gruppe hat aber noch zahlreiche Handbewegungen und Gesten, die besonders typisch für dieses Temperament sind. Das hilft uns bei unserer Menschenkenntnis ungemein! Denn die unbewußten Signale der Hände zu sehen, gibt uns dann die entsprechenden Hinweise, diese Personen richtig einschätzen und behandeln zu können.

Bedenken Sie bitte:

Jeder Mensch haut mal mit der Faust auf den Tisch.

Jeder Mensch versteckt oder verschränkt einmal seine Hände.

Jeder Mensch fuchtelt oder wedelt einmal mit seinen Händen vor seinem Gesicht herum.

Und jeder Mensch verschränkt einmal die Arme vor der Brust oder verzahnt die Finger beider Hände zu einer Mauer.

Aber wie häufig jemand eine Bewegung unbewußt ausführt, wie er seine Arme und Hände bewegt, das ist typisch für ihn, und läßt uns seinen Charakter besser einschätzen. Vor allem, wenn das gesprochene Wort so gar nicht zu der unbewußten Geste passen will!

Wir bleiben beim Schreibtisch-Gespräch, weil sehr viele wichtige Probleme und Fragen über diese Barriere hinweg erörtert werden. Hier agieren die meisten Menschen besonders nachdrücklich mit den Händen und zeigen mit immer wiederkehrenden Bewegungen typische Eigenschaften an.

Wenn Sie mögen, machen Sie doch die beschriebenen Gesten mit einer oder beiden Händen mit. Sie werden etwas Verblüffendes feststellen: Manche Gebärden vollführen Sie mühelos fast automatisch – dann gebrauchen Sie sie auch öfter selbst. Manche wiederum gehen Ihnen geradezu gegen den Strich, Sie wissen nicht recht, wie Sie diese Gesten ausführen sollen – dann sind sie auch untypisch für Sie. Damit haben Sie sozusagen eine Spiegel-Kritik: Weil ich das auch immer so mache, erwecke ich bei anderen diesen oder jenen Eindruck!

Übrigens:

Eine Geste, die Ihnen bei anderen mißfällt, die Sie aber offenbar selbst sehr oft gebrauchen, können Sie sich abgewöhnen! Ein nervöses Trommeln oder „Klavierspielen" der Finger auf der Tischplatte fand ich eigentlich immer recht störend. Es wirkte so nervös und unkonzentriert. Da ertappte ich mich dabei, daß ich das auch, ohne es zu merken, recht oft machte! Jetzt lege ich, wenn ich wieder einmal „Klavierspielen" will, Zeigefinger und Mittelfinger der rechten Hand leicht auf die Finger der linken Hand – und schon habe ich das nervöse Trommeln eingestellt.

Der Sanguiniker hinter dem Schreibtisch

Fangen wir wieder mit dem Sanguiniker an. Er ist am leichtesten zu erkennen, weil er von allen die meisten Bewegungen mit Armen und Händen ausführt.

Der Schreibtisch ist immer voll und oft unordentlich. Das steigert sich bis zum fröhlichen Chaos. Sehr typisch: Irgendeine Akte, ein Buch, einen Stift, eine Brille suchen diese Luftmenschen ständig. Dadurch sind die Hände immer in Bewegung, auch wenn sie eigentlich nichts brauchen. Man legt eine Akte nach links, schiebt das Buch nach rechts, holt den Stift ran, steckt die Brille ins Etui, um sie zwei Minuten später wieder herauszuholen. Das wirkt munter, lebendig, jugendlich bewegt bis zu hektisch, fahrig, nervös und unkonzentriert.

Besonders auffällig ist das Spielen mit dem Bleistift oder Kuli, Lineal oder Papiermesser. Oder: Ein rascher Blick auf die Uhr, man ergreift den Telefonhörer „Ich muß doch noch – ach ja, ich sollte …“ und schon wird der Hörer wieder aufgelegt.

Alles sind kleine, schnelle, hübsche Bewegungen.

Beim Reden formen die Finger gerne Figuren.

Daumen und Zeigefinger bilden einen Ring, die Innenhand ist mit gespreizten Fingern dem Gesicht des Partners zugewendet. „Das ist sehr wichtig, das möchte ich noch einmal betonen …“ ist beispielsweise eine offene, kommunikative Geste, denn die Innenhand zeigt sich schutzlos dem Partner. Dazu berühren sich die zwei wichtigsten Finger: die Willenskraft, die vom Daumen symbolisiert wird, und der eigene Entfaltungswunsch, den der Zeigefinger ausdrückt, haben sich miteinander verbunden. (Foto 7)

Wenn der Sanguiniker bei dieser Geste sagt: „Also, ich bin verschwiegen wie ein Grab – aus mir kriegt der Chef kein Wort raus!“ – dann stimmt das nicht! Die offene Geste kann gar kein Geheimnis bewahren.

Oder:

Alle Finger spreizen sich wie ein Fächer, und die Innenhand winkt dem Gegenüber zu. „Also, ich versichere Ihnen, ich denke an Sie! Das wird nicht vergessen!“ Das meint man auch ehrlich – wenigstens im Moment. Aber das Versprechen ist schon durch die Finger gerutscht.

Oder:

Neigt sich die Innenhand, mit leicht geöffneten Fingern, wie eine Schale dem Gegenüber zu. „Sehen Sie, ich biete Ihnen durchaus Vorteile an ...“ Dann stimmt das. Sagt man bei dieser Geste jedoch: „Ich glaube nicht, daß ich was für Sie tun kann, ich habe meine Vorschriften.“ – dann müssen Sie nachhaken! Innerlich ist derjenige nämlich durchaus zu einem Entgegenkommen bereit. (Foto 8)

Oder:

Sehr viel und sehr häufig wird der Stift zur Bekräftigung eines Satzes herangezogen. Man pickt nachdrücklich mit der Spitze auf die Tischplatte: „Das ist sicher, ich habe es selbst gelesen!“ Sagt man allerdings zu dieser Geste die Worte: „Keine Sorge, ich kümmere mich darum, Sie sind bei mir gut aufgehoben", dann glauben Sie das lieber nicht! Ihr Gegenüber hat Sie nämlich bereits mehrmals mit einer spitzen Nadel innerlich erstochen.

Manchmal wird der waagerecht gehaltene Stift auch zwischen linker und rechter Hand an beiden Enden gerollt. „Also, wenn ich es recht überlege – natürlich spricht einiges dafür. Obwohl ..." Man hat eine Art Brücke gebildet. Die rechte und die linke Hand (oder Gehirnhälfte) tauschen über das Bindeglied Stift Gedanken aus. (Foto 9)

Oft wird stattdessen die Brille bei den Bügeln gefaßt und hin und her gewiegt. Sie stellt dann auch ein Verbindungsstück dar, um die Gedanken zu konzentrieren und sich eine Antwort zu holen. (Foto 10)

Hier ist Vorsicht geboten:

Die Person ist unsicher und weiß nicht recht, wie sie reagieren soll. Wenn es geht, nachhaken und festnageln.

Oder:

Die leicht gespreizten Finger bilden vor der Brust ein Dach und klopfen leicht aneinander: „Sehr schön, wir haben also die zwei wesentlichen Punkte erörtert ..." Merken Sie etwas? Die Person ist ungeduldig und möchte das Gespräch beenden.

Sehr oft fährt die Hand zum Kopf und greift schnell ins Haar: „Wie war das nochmal ...?"

Oder die Person fragt ein Sinnesorgan um Rat. Der Zeigefinger liegt dabei kurz auf der Nasenspitze: „Moment, ich muß darüber nachdenken …“ Oder Daumen und Zeigefinger zupfen gedankenverloren am Ohrläppchen: „Also ich meine, gehört zu haben, daß der Chef …“ Oder der Zeigefinger bohrt kurz in die Stirn zwischen den Augenbrauen auf die Nasenwurzel: „War das jetzt vorgestern, oder ist das schon länger her …?“

Oder der Zeigefinger legt sich auf die geschlossenen Lippen, und die Rede verstummt einen Moment: „Da war doch … da sollte ich doch … oder …“. (Wenn der Sanguiniker bei dieser Geste allerdings sagt: „Jetzt will ich mal ganz ehrlich zu Ihnen sein!“ würden Sie wohl selbst den Widerspruch zwischen Geste und Wort registrieren!)

Oder die Brille wird abgenommen und schnell wieder mit beiden Händen aufgesetzt: „Nein, so ist die Sache nicht klar … oder doch, jetzt weiß ich es …“

Dauerndes oder häufiges Befragen der Sinnesorgane zeigt, daß noch kein Entschluß gefaßt, keine Entscheidung gefallen ist. Der Sanguiniker tut das sehr häufig. (Darin ist ihm der Melancholiker ähnlich.)

Sehr typisch ist für diese Menschengruppe das Fingern an der Kleidung: Man zupft am Schlips, öffnet oder schließt das Jacket oder die Kostümjacke, zieht die Hemdenmanschette aus dem Ärmel. Damen spielen am Armband, fassen graziös die lange Halskette mit zwei Fingern an, drehen auch mal an den Ringen oder betrachten interessiert die eigenen Fingernägel.

Durch die dauernde Bewegung lenkt der Sanguiniker unbewußt vom Gespräch ab, er will auch nicht so gerne festgenagelt werden, er weiß oft am Schluß nicht mehr, was er am Anfang zugesichert hat. Meist ist er dabei liebenswürdig und freundlich, etwas fahrig und verhuscht.

Wenn Sie ein ähnlicher Typ sind, versuchen Sie nicht, es Ihrem Gegenüber gleich zu tun! Bemühen Sie sich, sehr konzentriert zuzuhören, nicht dauernd zu unterbrechen, sonst geht der Faden gleich verloren. Aber unbedingt kurz und bestimmt nachhaken, wenn eine Entscheidung getroffen, eine Zusage gemacht wurde!

„Ich darf also nochmals wiederholen …“

„Ich möchte das gerne gleich fixieren …“

„Wir verbleiben also definitiv …“

Und möglichst eine Notiz machen, nicht vertrösten lassen!

Wenn der Sanguiniker dazwischen telefoniert – was er übrigens sehr gerne tut –, schreiben Sie kurz auf, was besprochen wurde, und haken Sie da wieder ein, sobald er den Hörer auflegt. Er pflegt gerne zu sagen: „Ja, also wo waren wir stehengeblieben, na, im Prinzip ist wohl alles klar!“

Nichts ist klar!

Versuchen Sie also nach dem Telefonat schnell die Fakten zu festigen: „Wir waren uns also einig, daß …“ Das geht am besten, wenn Sie sich um Souveränität, Konzentration und klare Aussagen bemühen.

Das dauernde Auf-die-Uhr-Sehen Ihres Gegenübers darf Sie nicht aus der Fassung bringen! Man will zeigen, wie beschäftigt man ist, wie wenig Zeit man hat. Fragen Sie nicht, wie spät es ist! Er hat keine Ahnung.

Als Faustregel merken Sie sich bitte:

Je mehr Gesten jemand macht, um so weniger gravierend ist ihre Bedeutung. Registrieren Sie bei dieser Elementgruppe die spielerische, nervöse Vielfalt der Bewegungen, und versuchen die Zielpunkte Ihres Gesprächs nicht zu verlieren. Sonst haben Sie später keine Ergebnisse vorzuweisen. Wenn der Sanguiniker öfter betont: „Alles paletti! Das ist jetzt alles klar! Schriftlich brauchen wir nichts, ich habe alles im Kopf!“ – gehen Sie unbedingt auf Nummer sicher. Die verhuschten Gesten signalisieren das Gegenteil!

Das Gleiche gilt natürlich, wenn das Gespräch über Eck oder vis-à-vis am kleinen Besprechungstisch stattfindet. Dann haben Sie zwar keinen Schreibtisch mit Akten und Utensilien vor sich, aber der bewegliche Sanguiniker wird dafür öfter die Stellung wechseln und seine Beine mal links und mal rechts vom Tisch positionieren.

Der Choleriker hinter dem Schreibtisch

Betrachten wir nun als Gesprächspartner den Choleriker, oder richtiger gesagt: den feuerbetonten Menschen.

Der feurige Mensch ist von starker Gemütsart. Er läßt seinen Emotionen, seinen Affekten freien Lauf, zügelt sie selten. Alle Gefühlsbewegungen dringen nach außen, er äußert sie lautstark. Sein Lachen ist dröhnend, seine Sprache deutlich und bestimmt. Dadurch wirkt er in einer konventionellen, geschliffenen Verhaltensgesellschaft ungestüm, unbeherrscht, aber stets sehr direkt und ehrlich. Man kann ihn ganz gut durchschauen. Und damit ist er auch nicht allzu schwer zu behandeln.

Kann sein, daß der Schreibtisch des feuerbetonten Menschen einen Bücher- oder Aktenberg an der Seite aufweist, oder ein Stapel liegt auf dem Fußboden. Aber vor ihm ist eine große, freie Fläche. In Griffweite Telefon oder Bleistiftbehälter, Wasserglas oder Kaffeetasse. Aber vor sich hat er Platz!

Den braucht er für seine ausgebreiteten Arme, die gerne mit weiter Bewegung die gesamte Tischkante umspannen. Er muß mit großer Armgeste über die Fläche vor sich in der Luft einen Bogen, einen Halbkreis machen können. Die ausgestreckten Arme brauchen ungehindert Platz, um das Gegenüber anzupeilen. Der Choleriker macht hinter dem Schreibtisch den imponierendsten Eindruck. Sein betonter Oberkörper, die ausladenden Armgesten, der hocherhobene Kopf verleihen ihm Dominanz, Überlegenheit und Würde – bis hin zu Arroganz, Eitelkeit und Aufgeblasenheit. Wenn er aufsteht, ist er oft ein kleiner Mann auf dünnen Waden mit mächtigem Oberbau. Oder eine Dame mit üppigem Volumen oberhalb der Tischplatte, und darunter staksen ziemlich unwichtige Beinchen.

Feuerbetonte Menschen wollen immer ihre Überlegenheit beweisen. Sie sind eitel, aber meist jovial und für Lob empfänglich.

Die großen Armbewegungen zeigen Hände, die nicht wedeln, sondern die Innen- und Außenseite gelassen dem Betrachter präsentieren. Beide Handflächen von innen offenbart und dem Gegenüber hingereicht bedeuten: „Bitte, Sie können mich beim Wort nehmen!"

Oder:

Die geballte linke oder rechte Faust mit dem Daumen nach oben fällt wie ein Hammer auf den Tisch: „Das habe ich einmal durchgehen lassen, aber jetzt reichts!" (Sollte er allerdings bei dieser Geste sagen: „Also im großen und ganzen bin ich sehr friedfertig und nicht nachtragend …" dann wissen Sie hoffentlich, daß das nicht stimmt!)

Der Choleriker kann auch die Handinnenfläche laut klatschend auf den Schreibtisch knallen: „Das ist mein letztes Wort! Basta!" Das war es dann auch.

Der Choleriker sitzt sehr gerne mit über der Brust verschränkten Armen. Lassen Sie sich nicht täuschen! Denken Sie an den Neandertaler! Der Feuermensch wappnet sich, baut damit eine massive Schutzfront vor sich auf. Die Hände umfassen die Oberarme, oder wenigstens eine

Hand. Die rechte Hand liegt auf dem linken Arm: Die aktive Rechte, der Waffenarm, liegt obenauf – er könnte sofort zum Kampf bereit sein. Oder die linke Hand umspannt den rechten Oberarm: Sie könnte sofort schützend angehoben werden, um das Gesicht zu verbergen. Beide Hände versteckt unter den Armen: Das ist bei dieser Elementgruppe sehr selten, da könnte der Choleriker etwas im Schilde führen!

Alle Gesten finden nicht zu häufig statt.

Oder:

Der Choleriker baut auch gerne eine Pyramide. Der Oberkörper neigt sich dabei zur Tischkante, die Ellenbogen sind fest aufgestützt, die Unterarme beugen sich zueinander und die Fingerspitzen berühren sich. Er kann dieselbe Bewegung auch ausführen, wenn er sich auf die Armlehnen stützt. Neigt sich die Pyramidenspitze dann mit kurzen kräftigen Bewegungen dem Gegenüber zu, sieht das aus wie ein Schiffsbug, der auf das Vis-à-vis zusteuert. Das ist eine unbewußte Drohgebärde! Nehmen Sie die immer ernst! Die salbungsvollen Worte: „Wissen Sie, ich bin tolerant, Teamarbeit geht bei mir immer vor!" täuschen bei dieser Geste.

Wenn gar der rechte Zeigefinger wie der Lauf einer Pistole auf Sie zielt, der Daumen abgewinkelt wird wie am Abzugshahn eines Revolvers – dann schießt der Choleriker und trifft! Wenn in so einer Situation der Mund die milden Worte spricht: „Wir beide werden eine Gemeinschaft bilden, wir zwei werden gemeinsam …" dann meint er innerlich ganz ungeniert: „Ich werde bestimmen, und Du wirst gehorchen!" Das kann durchaus Führungskräfte verraten, den Wunsch nach Durchsetzung und Macht. Warum nicht?

Viele lassen gern eine Dampflok vor sich herfahren, die sie mitzieht.

Überhaupt ist der Zeigefinger ein beliebtes Ausdrucksorgan der Feuermenschen. Diese Du-Zuweisung mit ausgestrecktem Zeigefinger meint immer den anderen – auch was Schuldzuweisung betrifft.

„Du bist es gewesen – Du hast es getan!“ Der Finger spießt einen geradezu auf.

Achten Sie einmal bei Bundestagsdebatten auf Parteien im Clinch! Das ist die häufigste Geste – und selten sympathisch. Der Choleriker liebt aber auch die beschwörende Gebärde. Derselbe Zeigefinger weist gestreckt zum Himmel und sagt: „Gott ist mein Zeuge!“. Er ruft damit sozusagen himmlischen Beistand für das, was er sagt und für das, wofür er die Verantwortung trägt. (Spricht er bei dieser Geste die Worte: „Wissen Sie, ich will mich nicht loben und etwa vordrängen ...“ Achtung! Er tut es und denkt dabei: „Ich und der liebe Gott.“)

Genauso kann der Zeigefinger aber gebietend zur Erde heruntergestreckt werden und damit deutlich ausdrücken: „Soooo klein mach’ ich Dich – Du liegst vor mir im Dreck!“ (Bei dieser Geste zu sagen: „Also meine Firma steht bombensicher auf ganz festen Füßen!“ – dann holen Sie lieber eine Bankauskunft ein. Er hat die Firma eben in den Dreck gestampft.)

Befehl und Verachtung sind in den Gesten des Cholerikers besonders stark ausgeprägt. Aber offen und ohne Furcht bietet er die ausgestreckte Hand mit der Innenfläche zur Versöhnung oder zum gemeinsamen Pakt an.

Der feurige Charakter liebt es auch, die Hände hinter dem Kopf zu verschränken und die Brust frei und ungeschützt darzubieten – eine angstfreie Geste, und auch ein Zeichen von Wohlbehagen und Selbstvertrauen.

Er zupft selten im Gesicht herum. Vielleicht faßt er mal kräftig mit zwei Fingern seine Nase an: „He, was war das? Das stinkt mir doch irgendwie!" Oder: „Jetzt heißt es, schlau zu reagieren!" Das laute Wort, das dröhnende Lachen darf ungeniert aus dem Mund entweichen – keine Hand legt sich schützend davor. Tut der Choleriker das doch, dann wollte er gerade etwas sehr Unanständiges oder Verachtungsvolles loswerden, was er gerade noch zurückhalten konnte.

Die feurige Menschengruppe hat auch Zeit – wenn sie will und es zugesagt hat. Wenn nicht, wird deutlich auf die Uhr geschaut, die Hände knallen auf die Tischplatte, und zwar endgültig: „Schluß für heute, unsere Zeit ist um. Damit ist unser Gespräch beendet."

Beachten Sie bitte:

Der Choleriker fängt an zu reden und redet am meisten.

Unterbrechen Sie ihn möglichst nicht.

Er braucht aufmerksame Zuhörer.

Ab und an eine beifällig stumme Reaktion ist angebracht. Er gibt Ihnen sozusagen das Redesignal.

Sprechen Sie laut und nicht zu lang.

Und immer an ihn appellieren: „Sie könnten doch … Ohne Sie wäre ich hilflos … Sie haben doch die Möglichkeit …“

Der Choleriker hört das gern, und es schmeichelt ihm. Er tut es dann auch, und eigentlich kann man sich auf seine Zusage verlassen. Er will kein Versager sein.

Vielleicht zum Schluß sagen: „Also ich darf dann Freitag nachfragen …?“

Oder: „Ich kann Ihren Brief erwarten …?“

Wenn man von Statur kleiner und zarter ist, kann man beim Abschied dankbar die Hand drücken oder sogar eine leichte Umarmung wagen.

Wenn der cholerische Mensch im Gespräch einen Witz macht – und das tut er gerne, Mann oder Frau –, müssen Sie auf jeden Fall schmunzeln oder lachen. Bloß nicht sagen: „Ach, das ist der von der gestrigen Quizsendung!“

Bleiben Sie an Ihrer Schreibtischkante. Spielen Sie keinesfalls mit seinen Akten oder Büchern oder lümmeln mit den Armen gemütlich auf seiner Tischplatte herum. Das ist sein Revier, sein Raum. Er nimmt ein Buch und knallt es auf die andere Seite – Sie nicht! Keine lange Verabschiedung. Er winkt gern mit hocherhobenem Haupt hinterher. Sie winken besser nicht zurück, sondern nicken nur und lächeln. Er entläßt Sie – die Audienz ist beendet.

Merken Sie, wie grundverschieden die Gesten des Cholerikers von denen des Sanguinikers sind? Ordnen Sie möglichst schnell das Element Ihres Gegenübers ein – es wird Ihnen das Reagieren erleichtern.

Das waren die beiden extrovertierten Elementgruppen, also die Charaktere, die nach außen orientiert sind.

Etwas schwieriger sind die beiden anderen Elementgruppen einzuordnen, die introvertierten, nach innen orientierten.

Da sind alle Gesten stiller, sparsamer, leiser.

Als erstes merken Sie bald: Beide Elementgruppen sprechen leiser und meist langsamer.

Schauen wir uns zunächst den Melancholiker an.

Der Melancholiker hinter dem Schreibtisch

Auch hier zum geläufigen Bild des Volksmunds ein paar Worte. Der Melancholiker ist beileibe nicht immer traurig!

Er ist stiller, leiser, und wenn er lacht, dann verhalten in sich hinein, sehr gerne hinter vorgehaltener Hand, ein Glucksen, ein kleines Lachen, oft etwas verschämt.

Die Augen sind häufig in sich gekehrt, weichen dem direkten Blick aus. Die Hände sind meist in ständiger, sanfter Unruhe, behutsame Bewegungen, sensibles Tasten, vorsichtiges Suchen. Dieses Erscheinungsbild wurde mit dem Wort „traurig“ bedacht, aber „zurückhaltend“ wäre besser.

Oft bezeichnet man diesen Typ als bescheiden – was durchaus nicht stimmen muß! Es ist nur für den Melancholiker die beste Art durchs Leben zu kommen, wenn er sich so unauffällig gibt. Diese Menschen sind durchaus nicht ängstlich, sie tun nur so und appellieren damit sehr geschickt an die Beschützergefühle der Stärkeren und Lauten!

Der Schreibtisch ist nicht sehr ordentlich. Alles ist ein bißchen verhuscht und liegt ein wenig chaotisch drunter und drüber … Dies ist eine unbewußte Barriere: Damit verhindert der Melancholiker, daß Sie etwas auf den Schreibtisch legen oder – um Himmelswillen! – in sein Revier eindringen!

Er ist oft beim Aufstehen viel größer, als er hinter dem Schreibtisch wirkt. Er lümmelt gern ein bißchen und sitzt lässig da – oft mit geneigtem Kopf und hängenden Schultern. An der gegenüberliegenden Schreibtischkante hat er gerne Telefon und Blumentopf, Buch- oder Aktenstapel. Das gibt ihm einen Schutzwall, hinter dem er sich verstecken kann.

Die Hände wedeln nicht. Sie suchen immer ein bißchen Halt – am Tischrand, unter einer Akte, auch ineinandergefaltet. Die Innenhand sehen Sie so gut wie nie. Er macht keine großen Bewegungen, keine heftigen Gesten. Die Finger gleiten über die Gegenstände. Der Stift wird vorsichtig angefaßt und etwas entfernt leise wieder abgelegt. Sehr gerne werden die Schreibtischkanten mit den Fingerspitzen rauf- und runtergestreichelt – ein Zeichen für innere Sammlung und Konzentration. Die Fingerspitzen sensibilisieren sozusagen alles um sich herum. Auch betasten sich die Fingerkuppen gerne gegenseitig im Gespräch – so als wollten sie Frage und Antwort erkunden.

Und genau das tut der Melancholiker! Er befragt damit seine Seele, sein Unbewußtes. Das spielt immer eine Rolle. Die Fingerkuppen haben ja die feinsten Nerven. Wir streicheln damit auch den Menschen, den wir lieben. Und die Blinden benutzen die Fingerkuppen als tastende Fühler – und etwas von beiden benötigt der wasserbetonte Mensch, der seelisch Orientierte, um mit seinem Gegenüber zu kommunizieren. Das kann ein Streichen über das vor ihm liegende Buch sein, ein sanftes Drehen des Kugelschreibers.

Sehr gerne spielt diese Elementgruppe auch an sich selbst herum: das Drehen des Ringes, das Spielen an Armband oder Uhr, bei Frauen oft an der Frisur. Die Finger verschlingen sich bei Frauen gerne in langen Halsketten, Männer fahren über den Schlips oder am Revers entlang.

Dies sind alles Signale einer inneren Bewegtheit und Anteilnahme, so kann man gut zuhören und das Gehörte verarbeiten. Aber auch mit seinen Gedanken weggleiten, nicht mehr aufnehmen, was der andere sagt. Oft verbergen diese Gesten Unsicherheit, Ängstlichkeit und Nervosität. Es darf Sie nicht stören, daß der Blick eher suchend nach unten oder in den Raum schweift – man vermeidet das direkte Auge-in-Auge-Reden wie auch zu lange, kraftvolle Händedrucke.

Schnell und leicht und fast flüchtig ist der Gruß der Hand. Dadurch kommen dann Urteile „kalte Fischflosse", „hochmütiger Händedruck von oben herab", „wie ein Aal, so schnell und so glatt" zustande. Es ist eine gewisse Scheu vor zu engem Körperkontakt, vor allem, wenn man den anderen noch nicht kennt.

Die Hände gehen oft zum Gesicht – flüchtig, leise, verhuscht. Gleiten über das Haar, über den Hals, bleiben am Hemd- oder Blusenkragen hängen, liegen unter dem Ohrläppchen – das ist sehr typisch.

„Höre ich richtig? Was meint sie damit?" „Oh, da muß ich wohl aufpassen!" sagen diese Gesten.

Das Sinnesorgan Ohr wird aktiviert, denn das Hören ist ausgeprägter als das Sehen. Für einen solchen Menschen ist es typisch, mit gesenkten Augen aber angespitzten Ohren „zu sehen".

Glauben Sie bitte nicht, man schaue nicht zu Ihnen hin und Sie könnten unauffällig sehnsüchtig nach der Armbanduhr schielen. Das wurde genau registriert!

Und wenn der Melancholiker anscheinend abwesend in der Akte blättert, gähnen Sie ja nicht! Er sieht es!

Auch das Wegstreichen eines Stäubchens am Kostüm, das Polieren der ohnehin auf Hochglanz polierten Tischplatte, das Drehen am Stift kann bei dieser Elementgruppe Unruhe, leichte Nervosität verraten. Etwas ist unangenehm und stört. Die Worte „Ja ja, absolut klar! Keine Probleme meinerseits!“ stimmen hier nicht!

Auch das wiederholte Abnehmen der Brille, sie in die Luft halten, in Gedanken wieder aufsetzen, putzen, verrät: Etwas trübt den Blick, man müßte da durchsehen können. Also sensibilisiert man wieder einen der fünf Sinne. „Damit sehen wir natürlich ganz neue und überzeugende Perspektiven, die wir bejahen können!“ Vorsicht: Man sieht eben nichts!

Die Haare werden gerne angefaßt, wie bei einem leichten Kämmen, glätten, in Ordnung bringen … Da ist etwas in Unordnung geraten – das irritiert melancholische Charaktere. „Das hat mich sehr überzeugt: Doch, ja … würde ich schon sagen …“ Achtung: Worte und Gesten stimmen hier nicht überein!

Alle Gesten sind normalerweise klein, behutsam, leise, langsam. Ist alles „einen Zahn zuviel“, stimmt es nicht mehr. Wenn sie sich mehren, kann das verhaltenen Unmut, Nervosität oder den unterdrückten Wunsch, endlich das Gespräch zu beenden, ausdrücken.

Man legt sich ungern fest – weder mit Worten, noch mit Zusagen, Terminen, Unterschriften.

„Sie bekommen dann noch Bescheid …“
„Wie gesagt, das kann ich nicht alleine entscheiden …“
„Ich will das gerne versuchen …“
Nie ein klares Nein, noch seltener ein klares Ja.

Ratsam wäre hier:

Bilden Sie keine Bandwurmsätze, werden Sie nicht laut.

Machen Sie Pausen, hören Sie zu.

Öfter ein „Bitte, wie sehen Sie das?“ einstreuen.

„Ihre Meinung ist wichtig für mich!“

Strecken Sie ruhig einmal die Hand aus.

Die Handinnenfläche zu zeigen, heißt: Ich habe Vertrauen, ich begebe mich in deine Hand.

Auch eine leise bittende Geste mit leicht gefalteter Hand wäre empfehlenswert.

Versuchen Sie, an die Seele zu appellieren:

„Sie werden mir doch helfen?“

„Ich kann doch auf Sie zählen, Sie enttäuschen mich nicht?“

Keine Fragen stellen, sondern etwas erwarten! Oft macht so eine dringende Hoffnungshaltung dem zaudernden Melancholiker Mut. Eine schnelle, leichte Umarmung, ein herzlicher Druck beim Abschied kann ein gutes Echo finden, auch wenn die Gesten nicht erwidert werden. Nicht aggressiv oder beleidigend werden. Seelisch orientierte Menschen können sehr empfindlich sein.

Nicht schmeicheln – das hat keinen Erfolg!

Nicht ungeduldig werden! Versuchen Sie, ein freundliches Gesicht zu machen. Das gelingt immer, wenn Sie mit geschlossenen Lippen lächeln. Dabei müssen Sie die Augen öffnen und die Stirn glätten – anders können Sie gar nicht lächeln. Dann haben Sie ein freundliches Gesicht, ohne Krampf und ohne „cheese".

Grundsätzlich ist das überhaupt sehr zu empfehlen!

Unterlassen Sie möglichst Witze und Zweideutigkeiten. Sie können die Charakterfärbung des Melancholikers an den Gesten gut erkennen. Verhehlen will ich nicht, daß diese Menschen bei Verhandlungen und Besprechungen nicht ganz leicht zu handhaben sind.

Damit wollen wir uns dem letzten der vier Elementcharaktere zuwenden, dem Phlegmatiker.

Der Phlegmatiker hinter dem Schreibtisch

Auch hier sei eine kleine Korrektur gestattet. Der Volksmund meint ja, Phlegmatiker seien faul, langsam, träge und sogar stur.

Das stimmt – unter anderem!

Dies ist die eher negative Erscheinungsform dieser introvertierten Menschen. Sie wirken gelassen, ruhig, beherrscht, haben aber enorme Kräfte, Beharrungsvermögen und Durchhaltereserven. Und oft ist die Umwelt verblüfft und sprachlos, was diese so zurückhaltend und passiv wirkenden Typen an massivem Einsatz vorrätig haben! Das Erdhafte, Bodenständige gibt diesem Menschenschlag die Prägung. Dadurch sind sie häufig in land- oder forstwirtschaftlichen Berufen tätig und fühlen sich Gebirgen oder Meeren zugehörig. Das Naturverbundene steht ihnen gut. Aber man findet diese Menschen genauso in Großstädten und in intellektuellen Berufen.

Der Phlegmatiker ist als Gesprächspartner nicht leicht zu durchschauen und oft schwer zu behandeln.

Sein Schreibtisch ist ordentlich, kein Chaos, nichts Überflüssiges. Lexikon, Telefon, Stift, Akte. Man könnte denken: Arbeitet der überhaupt? Das soll man auch denken! Er verunsichert sein Gegenüber, und das sieht er nicht ungern.

Der Phlegmatiker will möglichst nicht gestört, geschweige denn belästigt werden. Greifen Sie nicht mit Armen und Händen in sein Schreibtischrevier! Legen Sie Ihre Mappe nicht auf seine Tischplatte!

Meist sitzt er ruhig zurückgelehnt auf seinem Platz. Gerne mit verschränkten Armen. Oder die Arme liegen auf der Sessellehne. Manchmal liegen die verschränkten Hände auf dem Tisch. Kein Fuchteln, kein Wedeln, Handflächen auf der Platte, kaum Bewegungen. Wenn der Unterarm einmal angehoben wird zu einer sparsamen ruhigen Geste, dann liegt der Ellenbogen auf der Armlehne. Nach der Bewegung sind die Hände wieder still. Kein Klopfen, Trommeln oder Spielen. Ringe sind selten. Das liebste Wort ist „Nein".

Was erkennt der Gegenübersitzende an den Gesten der Hände?

Er sieht das wichtigste Merkmal der erdhaften Menschen oder Phlegmatiker: nämlich keine oder nur wenige Bewegungen. Nicht unsicher werden! Er schläft nicht, er hört sehr konzentriert und genau zu und reagiert „inwendig".

Manchmal verzahnt er die auf der Tischplatte liegenden Hände, er verschränkt sie leicht. Ab und zu sieht man auch ein Daumendrehen. Denken Sie nicht: „Oh, jetzt hat er es sich gemütlich gemacht!" Die verzahnten Finger sind ein kleiner Wall, ein Bollwerk, das abschirmt wie eine Mauer. Wenn der Daumen, der ja dem Handeigner zugewendet ist, sich dreht – mal so herum und mal entgegengesetzt –, bleiben Sie wach! Es sieht einschläfernd aus, ist aber ein Zustand von beherrschter Wachsamkeit.

Der Daumen, das Symbol unseres Willens, unserer Energie und Machtdurchsetzung, wird durch die Drehbewegung gewissermaßen beruhigt. Die Aggression, die Aktivität wird sozusagen „unter Verschluß gehalten“ und abgelenkt. Man sagt zu sich selbst: „Nicht explodieren! Nicht zeigen, daß dich diese Sätze ziemlich aufgeregt haben!“

Sagt ein Phlegmatiker in dieser Situation „Das ist sehr überzeugend! Das werde ich beherzigen!“, dann stimmt das nicht ganz!

Manchmal wird der Unterarm mit der geballten Faust ganz leicht angehoben und unterstreicht die Worte.

„Und deshalb bestehe ich darauf …“

„Das wird bei mir nicht passieren …“

„Entweder Sie sind einverstanden, oder es geht nicht.“

Fast nie wird das Gesicht berührt oder gestreichelt. Manchmal streift die Hand den Hinterkopf, als würde man sich am Kopf kratzen. So eine sparsame Geste hat dann doppeltes Gewicht.

Der Phlegmatiker macht sich dadurch munter, gibt sich einen Extra-Ruck. Achten Sie nun auf seinen Vorschlag, seine Reaktion.

„Sehr gut, sehr gut. Das gefällt mir!“ Nein, es juckt und kratzt ihn etwas dabei!

„Gut, werde ich prüfen“ – das stimmt schon eher.

Wenn dieser Erdtypus eine Akte oder eines der wenigen Bücher nimmt und im Gespräch einfach wegschiebt, dann fegt er etwas von sich weg: Ihre Idee, Ihren Vorschlag, Ihre Bitte! Und das ist ziemlich endgültig.

„Gut, gut, für heute Schluß. Ein andermal mehr darüber“ – sagt er das, können Sie lange auf Nachricht von ihm warten.

Meistens spielt er auch weder mit der Brille noch mit dem Bleistift.

Wie wird man mit solchen Reaktionen fertig?

Nicht mit dem Blick ausweichen!

Nicht nervös rumrutschen und Fingerspiele machen!

Nicht in sein Schreibtischrevier eindringen!

Kurz, klar, sachlich reden und antworten.

Keine Angst vor Pausen! Sie müssen nicht unentwegt plaudern.

Wenn man schweigt, schweigen Sie auch. Warten Sie freundlich und ruhig ab.

Bleiben Sie möglichst ohne großen Emotionsaufwand. Tränenausbrüche, Hysterie oder Lachkaskaden lassen ihn kalt – wenigstens äußerlich.

Trockener Humor und Schlagfertigkeit sind bei diesem Typ oft vorhanden. Oder er hat einen Nerv dafür, wenn das Gegenüber diese Talente gelegentlich einsetzt.

Ein kurzes, meckerndes „Hähähä“ kann die Reaktion sein.

Der Mangel an Signalen macht es für Partner oft schwierig, zu reagieren. Beobachten Sie um so genauer, wann dieser Erdtypus etwas von sich verrät. Er pokert nämlich gelegentlich und mag es nicht so gern, wenn man ihn durchschaut.

Wir können also auf Grund der Elementzuteilung alle Gesten in ihrer Bedeutung, Aussage und Wichtigkeit sehr viel besser einstufen.

Das häufige Spielen der Finger im Gesicht wird beim Sanguiniker weniger gravierend sein als das Kratzen am

Hinterkopf beim Phlegmatiker. Der klopfende oder befehlende Zeigefinger des Cholerikers ist ernster zu nehmen, als wenn der Melancholiker mal traurig den Zeigefinger hochhält und lamentiert: „Wo gibt es noch Hilfe, wo Gerechtigkeit?!“

Der schnelle Blick auf die Uhr beim Sanguiniker – „Ach Gott, schon so spät!“ – ist weniger gravierend als das endgültige Fortschieben einer Akte beim Phlegmatiker. Das sanfte Spielen mit dem Stift, das Auf- und Niederstreifen signalisiert beim Melancholiker ein Sensibilisieren der Gedanken – dieselbe Geste mit energischem Klopfton beim Choleriker ein „Entweder-oder“, „So oder So!“

Sie sehen daraus, daß die gleichen Gesten und Bewegungen – der Spielraum der Hände ist ja begrenzt – oft verschieden interpretiert werden müssen.

Begrüßung ist nicht gleich Begrüßung

Es gibt in unserem Zusammenleben einige Situationen, in denen die Zeit zu kurz ist, um das Gegenüber genauer unter die Lupe zu nehmen. Bei Verhandlungen und Bewerbungen vor und hinter dem Schreibtisch, bei Gesprächen am kleinen Ecktisch haben wir meist eine gewisse Zeitspanne, um mit dem Partner zu reden. Wir können eine Elementzuteilung treffen und unser Verhalten danach einrichten. An charakteristischen Bewegungen sehen wir die Ich- oder Du-Betonung unseres Vis-à-vis und werden richtig darauf reagieren. (siehe Seite 89)

Unser Alltag hingegen ist voll von Begegnungen, wo dafür keine Zeit bleibt! Sie wird weder aufgewendet, noch wird sie vermißt! Ich meine unsere täglichen Begrüßungen.

Meistens wissen Sie – vor allem wenn Sie berufstätig sind – am Abend nicht mehr, wem Sie an diesem Tag die Hand gegeben haben. Man begrüßt vertraute Kollegen, trifft Bekannte, lernt neue Leute kennen oder verabschiedet Besucher. Das geschieht, ohne daß wir viele Gedanken daran verschwenden. Es sind Höflichkeiten ohne Bedeutung.

Nur manchmal haben Sie bei einer Begrüßung „so ein komisches Gefühl“, bei einer Verabschiedung war etwas „anders“ oder „eigenartig“. Der kurze Händedruck hat vielleicht einen Hauch von Sympathie oder Antipathie bei Ihnen ausgelöst. Aber alles ging so schnell vorbei, daß kein nachhaltiger Eindruck zurückblieb.

Und trotzdem können diese kleinen Signale bereits die Weichen für ein gutes Miteinander oder ein unharmonisches Gegeneinander gestellt haben.

Zahlreiche Menschen haben sich – um Begrüßungen mit Handreichung auszuweichen –, die amerikanische Gepflogenheit angewöhnt, die Innenhand mit einer leichten Handhebung dem Partner zuzuwenden und einem lässigen „Hallo!“ alle Hautkontakte zu vermeiden. Erstens ist es hygienischer, zweitens zeitsparend, drittens unverbindlich, viertens besonders bei einer Gruppe sehr empfehlenswert: Man erspart sich die Anrede und eventuelle Namensnennung (besonders, wenn man ein schlechtes Namensgedächtnis hat).

Die den anderen gezeigte Handinnenfläche signalisiert: „Ich habe nichts zu verbergen, komme in friedlicher Absicht.“ Das ist besonders bei jungen Menschen gebräuchlich. Dagegen ist auch nichts einzuwenden.

Bei einem Kennenlernen zwischen zwei Menschen oder mit zwei bis drei Geschäftspartnern ist es jedoch immer noch üblich, per Handreichung und gesprochener Begrüßung einen Kontakt herzustellen.

Wie geben wir uns die Hand?

Bevor Sie weiterlesen, machen Sie doch bitte Ihre übliche Begrüßungsgeste.

Es gibt nämlich drei Varianten:

1. Ihre Hand steht recht gerade mit der Handkante nach unten und mit leicht gespreizten Fingern vor Ihnen. Der Partner wird seine Hand in der gleichen Weise mit der Ihren zusammenführen. (Foto 11)

Das ist die gleichwertige, offene Begrüßung – die Voraussetzung für eine gedeihliche, positive Kommunikation.

2. Ihre Hand wird dem Partner halbschräg angeboten, die Innenfläche ist ihm zugewendet, die Finger sind leicht geöffnet. Je offener die Handinnenfläche gezeigt wird, um so deutlicher das Signal: Hier existiert eine vertrauensvolle Bereitschaft, den Partner an- und aufzunehmen, Eindrücke und Impulse willig von ihm zu empfangen und keine Dominanz anzustreben. Das kann ein gutes Echo bewirken, aber nicht bei jedem! (Foto 12)
   Es kann auch bei einem Gegenüber die Reaktion auslösen: „Na prima, mit der/dem kann ich Schlitten fahren, die/der wird mir aus der Hand fressen!“ Die geöffnete Innenhand signalisiert immer die Bereitschaft, etwas aufzunehmen oder Überlegenheit anzuerkennen. Diese Eigenschaften können als Schwäche ausgelegt werden!

3. Ihre Hand wird dem Partner gerade oder leicht schräg angeboten, aber mit der Außenhand nach oben. Die Innenhand ist verdeckt, die Finger wollen auf etwas liegen, von oben etwas umfassen und drücken. Und was die Geste zeigt, will sie auch aussagen: „Ich werde die Führung übernehmen, ich traue mir das zu und setze es durch. Du bist mir untergeordnet!“ (Foto 13)
   So eine Überzeugungskraft kann durchaus berechtigt sein und für das Gespräch von Vorteil. Diese Eigenschaft kann aber auch als Kälte und Arroganz ausgelegt werden.

Diese drei Begrüßungen, die schnell vorüberhuschen und die Sie kaum sehen, sondern eigentlich nur fühlen, werden im Unbewußten durchaus als angenehm oder unangenehm registriert.

Die partnerschaftliche, gerade Haltung – Innenhand an Innenhand – ist die beste Geste für die erste, flüchtige Verständigung.

Die „Demuts-“ oder die „Dominanz“-Hand können Sie sich ohne große Mühe abgewöhnen – das würde ich Ihnen auch raten.

Begrüßen Sie einfach in nächster Zeit Ihre Bekannten bewußt mit Handschlag, und denken Sie an die gerade Haltung – dann wird diese Ihnen bald in Fleisch und Blut übergehen.

In Seminaren habe ich stets etwas mit Verblüffung bemerkt:

Wenn ich versuchte, eine dargebotene Hand „umzupolen“ (eine winzige Drehung), probierte der andere Handeigner sofort, die alte Position wieder herzustellen. Und zwang ich die „Dominanz-Hand“ in die Demutshaltung, knallte sehr oft die linke Hand des Partners auf meine Handoberfläche. Es war bald wie bei dem alten Kinderspiel, bei dem man die Unterhand immer wegzog, um sie dem anderen obenauf zu legen.

Das Festhalten der dargebotenen Hand mit der zweiten Hand zusätzlich obenauf zeigt nicht etwa besondere Wärme und ein herzliches „Drücken“, sondern sie vereinnahmt den anderen, ohne daß der das bei den so freundlichen Worten merken würde!

Diese Geste ist übrigens besonders bei älteren Damen beliebt, wenn sie Jüngere begrüßen. Man „fängt" sozusagen die Hand ein, will sie nicht mehr loslassen. Man freut sich ja so, die reizende junge Frau zu sehen! Wenn zusätzlich die andere Hand der Älteren liebevoll auf die gefangene Hand der Jungen klopft – es klingt wie das Klatschen auf ein nacktes Kinderpopochen –, dann ist schnell die besorgte und fürsorgliche Mütterlichkeit hergestellt: „Du bist ja noch so klein, und ich hab Dich sooo lieb, aber nur wenn Du auch artig bist!"

Versuchen Sie bitte, diese Vertraulichkeit abzustellen, falls Sie dazu neigen – die Jüngeren mögen das gar nicht so gerne, wenn Frauen auch meistens das Rührende und Bittende dieser Geste dulden.

Übrigens: Fast immer ist das die Begrüßung älterer Damen, die dem sanguinischen Typ angehören.

Sehr beliebt ist das kraftvolle Händeschütteln. Früher eine rein männliche Geste. Inzwischen sieht man sie auch vermehrt unter Frauen.

Was setzt das für ein Zeichen?

Unbewußt sagt das kräftige Schütteln: „Unterschätze mich nicht! Ich bin voll da! Und vor allem gleichberechtigt!"

Es ist die Kumpelbegrüßung, mit der Frauen nachdrücklich sagen wollen: „Daß ich eine Frau bin, ist völlig uninteressant! Es zählt nur die Partnerschaft!"

Diese Form der Begrüßung wäre wohl dem cholerischen Typ zuzuschreiben.

Genau das Gegenteil signalisiert der „kalte Fisch“. Diese Geste wird fast nur von Frauen ausgeführt – egal, ob man Partner oder Partnerin begrüßt. Es ist die „Dominanz“-Haltung, allerdings nicht mit kräftigem Druck, sondern nur flüchtig und leicht mit den Fingern. Und schon zieht man die Hand wieder zurück. Die flüchtige, leichte Geste wirkt kühl und desinteressiert. Man ist bemüht, den Hautkontakt möglichst schnell und nebenbei zu absolvieren. Das wirkt besonders negativ auf den Partner, wenn der gelangweilte Blick auch noch von der Seite über die „kalte Schulter“ kommt.

Der gleiche „kalte Fisch“ muß anders bewertet werden, wenn die scheue Haltung, das ängstliche Lächeln einen schüchternen Menschen charakterisieren. Dann kann man ruhig den „kalten Fisch“ ein bißchen festhalten – vielleicht ist die Handeignerin dafür dankbar. Dies ist übrigens eine sehr weibliche Geste, oft bei Melancholikerinnen zu finden.

Die Scheu des Auf-den-anderen-Zugehens sehen Sie deutlich, wenn bei einer Begrüßung der Oberarm eng am Körper anliegt und erst vom Ellenbogen ab waagerecht ausgestreckt wird. Diese Form wäre ebenfalls dem eher melancholischen Typ zuzuordnen. (Foto 14)

Der Choleriker liebt die Show-Begrüßung! Der gerade ausgestreckte Arm ist in Schulterhöhe schon von weitem dem Partner entgegengereckt, und so geht man auch auf ihn zu. Und der Arm bleibt auch beim kräftigen Auf- und Abschütteln der Hand gerade – zu nahe soll uns der andere ja nicht kommen! Platz brauchen wir selbst! (Foto 15)

Bitte nehmen Sie unseren famosen Lehrmeister, das Fernsehen, wieder einmal als Anschauungsmaterial. Wie macht es sich so schön, wenn das westliche und das östliche Staatsoberhaupt mit dergestalt ausgestrecktem Arm aufeinander zugehen! Die westliche und die östliche Halbkugel rollen dabei im Schlepptau hinterher! Denn beide Regierenden machen sich dadurch breiter und größer! Bei ausgestrecktem Arm hebt sich der Kopf, und der Körper streckt sich!

Warum, meinen Sie wohl, begrüßen sich in einer TV-Show Moderator und prominenter Gast mit dieser großen Geste? Sie ist effektvoll, jeder wächst dabei ein bißchen, und optisch wirkt das perfekt!

Gehen Sie spaßeshalber einmal mit kleinen Schritten und angewinkelter Grußhand auf jemanden zu, der Sie im „Show-Stil" begrüßt – Sie sind praktisch gar nicht mehr da!

Aber, damit Sie keine Komplexe bekommen: Leute des öffentlichen Lebens, Politiker, Showmaster und Künstler sind auf solche Begrüßungen gedrillt! Das ist meistens durchaus nicht „naturgewachsen"!

Wer allerdings diese große Begrüßungsgeste im Alltag kultiviert, wirkt stets imposant, jovial, aber oft auch übertrieben und großkotzig. Choleriker findet man hier häufig. Wird die dekorative Gebärde eher ruhig und diszipliniert ausgeführt, schreiben wir sie dem Phlegmatiker zu.

Natürlich kennen Sie auch die überschwengliche Begrüßung:

Möglichst dicht an den anderen ran, Handdrücken und Schulterstreicheln, Umarmen, über die Haare fahren, gleich die neuen Ohrringe oder die hübsche Kette aus direkter Nähe bewundern.

Für eher zurückhaltende und abwartende Personen ist das ein wahrer Alptraum. Man empfindet eine solche Begrüßung oft als zudringlich und unangenehm. Sanguiniker beiderlei Geschlechts sind darin Meister. Sie meinen, damit zutraulich, herzlich, ohne Hemmungen und voller Anteilnahme zu sein. Da die vielen Gesten und Gebärden dauernd wechseln, ist es für andere schwer, ihnen auszuweichen. Den Schritt, den man nach hinten tut, um Abstand zu gewinnen, haben sie sofort mit einem weiteren Schritt nach vorn ausgeglichen.

Eine ausgesprochen männliche Begrüßung ist ein Relikt aus Neandertalers Zeiten. Man schüttelt gegenseitig die rechte Hand, und die linke umgreift dabei mit spontaner Herzlichkeit den rechten Oberarm des Partners. Und das sieht ja so kollegial aus! Lassen Sie sich nicht täuschen! Im Unbewußten hält man damit den Kampfarm fest, damit aus dem Gegenüber kein Gegner wird.

Wenn der Partner dies kraftvoll-herzlich erwidert, dann haben beide ihre Kampfarme unter Kontrolle.

Nur: Wer weiß das schon bei den vielen fröhlichen, lauten Worten? Es sind dies wieder die „verkleideten" Gesten der Urzeit, die wir heute so zivil umfunktioniert haben.

Wir kennen im europäischen Kulturraum noch andere Gesten, die Dominanz demonstrieren:

Zwei Männer begrüßen sich äußerst jovial. Der eine legt dem anderen die linke Hand auf die Schulter des ausgestreckten Grußarms. Das variiert – von belobigend („Gut gemacht, mein Junge!“) bis zum kraftvollen Schlag: „Na, alter Freund, wie schaut es aus mit Dir?“

Merken Sie, daß einmal väterlich und einmal kräftemessend ein Dominanzsignal ausgeschickt wurde? Eigentlich ist diese Begrüßung nur unter Männern üblich – vor allem unter denen, die der Elementgruppe Choleriker angehören.

Unter überwiegend jungen Leuten hat sich diese Begrüßung gewandelt: Die linke Hand haut nicht mehr auf die Schulter, sondern boxt und knufft den anderen spielerisch in Brust und Bauch, was der andere meist ebenso erwidert.

In Naturparks oder im Zoo können Sie so ein Kräftemessen auch bei Jungtieren beobachten.

Eine Begrüßungsform sollte man tunlichst vermeiden: sitzen zu bleiben, während man per Handschlag begrüßt wird. Wie sagt doch das Sprichwort? „Dummheit und Stolz wachsen auf einem Holz.“

Mit der Berufstätigkeit der Frau hat es sich weitgehend eingebürgert, daß auch die „Dame“ bei der Begrüßung nicht mehr sitzen bleibt. Dies ist eigentlich nur noch bei Bällen und Festen üblich, weil es dort als ein gesellschaftliches Ritual gesehen wird.

Hier noch ein Fernsehtip: In der Tagesschau können Sie häufig die für unser westliches Gemüt so überaus innige Umarmung orientalischer Männer mit Kuß links und rechts beobachten, die uns manchmal recht lächerlich und übertrieben erscheint.

Aber in den vergangenen Jahrhunderten in der reinen Männerwelt des östlichen Kulturraums, wußte man da immer, wer einem entgegentrat? Das Umarmen erlaubte das schnelle, aber wichtige Abtasten des anderen nach Waffen unter seinen Gewändern …

Beruf und Berufung in der Hand

Grundsätzlich können alle Handeigner Berufe ausüben. Wer sich für etwas begeistert und engagiert oder wenigstens Interesse für etwas hat, wird seine Gaben und Fähigkeiten dementsprechend möglichst vorteilhaft ausnutzen.

In unserer heutigen Zeit sind der häufige Berufswechsel, die Umschulung, das Neubeginnen sehr oft notwendig, um mit der Entwicklung Schritt zu halten.

Angesichts der Überalterung unserer westlichen Welt treten sehr viele Menschen frühzeitig in den Ruhestand – freiwillig oder nicht. Für zahlreiche Personen schließt sich danach noch eine Reihe von Jahren an, die bei der allgemein hohen Lebenserwartung sinnvoll genutzt werden sollte.

Da böte es sich doch an, nicht nur samstags fünf Lotterielose zu kaufen und auf das nie eintreffende „große Geld" zu warten, sondern in die eigenen Hände zu sehen, um zu erkennen, in welchen Bereichen man angeborene Kräfte am besten weiterentwickeln könnte.

Eine Frage will ich gleich vorweg klären.

Viele Teilnehmer in Seminaren stellen sich und mir die Gretchenfrage: Wenn ich die Zugehörigkeit zu meiner Elementgruppe weiß und erkannt habe, wie ich reagiere und auf andere wirke, wenn ich die Betonung meiner Hand für die Ich- oder Du-Seite akzeptiere – warum habe ich dann einen so ungeeigneten Beruf gewählt, und warum hat mich niemand auf meine Anlagen aufmerksam gemacht? (Ich-und Du-Seite siehe S. 89)

Die Antwort lautet: Der junge Mensch wählt seinen Beruf nach bestimmten Kriterien. Diese sind:

1. Er wählt eine Laufbahn, die ihm schnell viel Geld verspricht.
2. Er muß die Zeitumstände berücksichtigen: favorisierte Berufe; solche, die aussterben; Berufe mit Zukunft.
3. Er strebt nach Sicherheit um jeden Preis und versucht daher, in eine angesehene Position zu kommen.
4. Ihm ist alles ziemlich unwichtig – er entscheidet sich für den Beruf, zu dem man ihm rät.
5. Er ist besessen von einer Idee, einem Wunschziel, und niemand kann ihn umstimmen, auch wenn sein Zielberuf in den Augen anderer überlaufen oder gar eine „brotlose Kunst“ ist.

Zur letzten Gruppe gehören junge Menschen, die einen künstlerischen Beruf wählen. Und auch solche, die heilende oder missionierende Lebensziele verfolgen: Heilpraktiker, Priester, Seelsorger, Psychiater, Entwicklungshelfer, Tierpfleger, Forscher, Arzt.

Wenn Idealismus und Träume in der Jugend stärker wiegen als Sicherheits-, Profit- und Erfolgsdenken, dann ist das wunderbar! Der Mensch geht seiner inneren Berufung nach und nimmt dafür viel auf sich. Eine Handberatung, eine astrologische Deutung oder eine Charakteranalyse findet er überflüssig.

Nun zeigt sich aber häufig, daß der eingeschlagene Berufsweg keine Befriedigung bringt, keinen Erfolg. Eventuell muß man sich dann umschulen lassen. Neue Gesellschaftsstrukturen überrollen Bestehendes. Der Verunsicherte wählt nun das, was man ihm dringend empfiehlt – ob er dafür Neigung oder Eignung mitbringt, spielt meist keine Rolle. Oft bleiben als Ausgleich nur die Freizeit und das Hobby. Entscheidend kann die Wahl werden, wenn man die Betätigung aussuchen soll und will, die für das letzte Lebensdrittel einen Sinn verheißt.

Schon während der aktiven Berufs- und Kindererziehungsphase sollte man auf die Beschäftigungswünsche des Herzens hören. Und doch bleiben viele unerfüllbar.

In unserer immer stärker technisierteren, kopflastigen Computerwelt kommen seelische Belange kaum zu Wort. Oft verkümmern auch die gefühlsmäßigen Nöte – vom Instinkt wollen wir gar nicht erst reden. Der funktioniert sowieso nur noch schwach.

Um so stärker ist das Bedürfnis, einen Ausgleich zu schaffen! Das Interesse für Esoterik, für spirituelle Erweiterung kommt ja nicht von ungefähr! In gleicher Weise steigt das Angebot an Gruppen, Vereinen, Seminaren, Schulungen, Beratern und Lehrenden in diesen Bereichen.

Aber leider hat sich auch sehr viel Spreu unter den Weizen gemischt …

Die Sehnsucht, eine helfende, heilende Funktion auszuüben, der Rationalität des Berufs und Alltags zu entfliehen, treibt viele Menschen zu dieser „Berufung", obwohl sie dazu vielleicht gar nicht so geeignet sind.

Hier wäre eine Eigenkontrolle der Elementzugehörigkeit und Kenntnis der eigenen Veranlagung empfehlenswert. Und die können wir in der Hand sehen!

Ein Mensch mit starker Feuerbetonung und ausgeprägter Ich-Seite wird im dienenden Pflegeberuf kaum Erfüllung finden.

Ein Melancholiker mit einer erkennbaren Du-Seite kann schwer als Mannschaftsführer in einem Sportverein seine natürlichen Anlagen zur Geltung bringen.

Ein luftiges Sanguiniker-Gemüt mit lebhaften Handgesten wird sich als Meditationslehrer oder Seelsorger nicht allzu gut eignen.

Und der bedachtsame Phlegmatiker hat als Hobby-Quizmaster in Vereinen sicher nicht die Schlagfertigkeit und Schnelligkeit, die dafür Voraussetzung ist.

Es sei betont:

Wer seine Anlagen und Begabungen im Beruf oder Privatleben befriedigend und ausgefüllt ausleben kann, hat keine sehr starken Bedürfnisse nach einem Ausgleich. Der strebt nach Berufs- und Familienphasen oft nur eine angenehme Beschäftigung an oder möchte durch innere Einkehr seinen letzten Jahren einen Sinn geben.

Wer jedoch seine Anlagen und Begabungen im Berufs- oder Privatleben *nicht* voll zur Geltung bringen konnte, der sollte prüfen, ob seine Wünsche für Hobby und Alter auch gute Voraussetzungen haben!

Foto 1

Foto 2

Foto 3

Foto 4

Foto 5

Foto 6

Foto 7

Foto 8

Foto 9

Foto 10

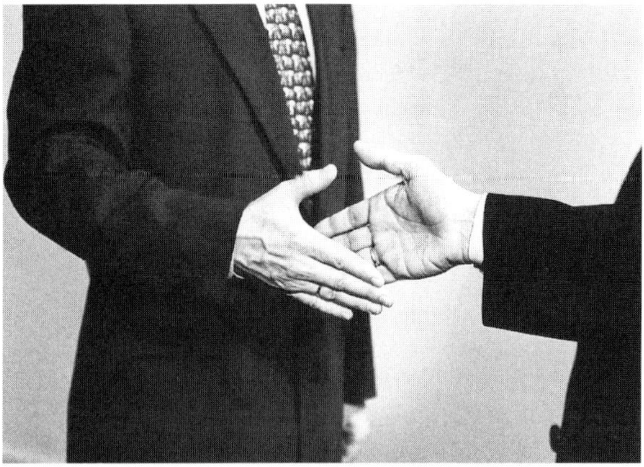

Foto 11

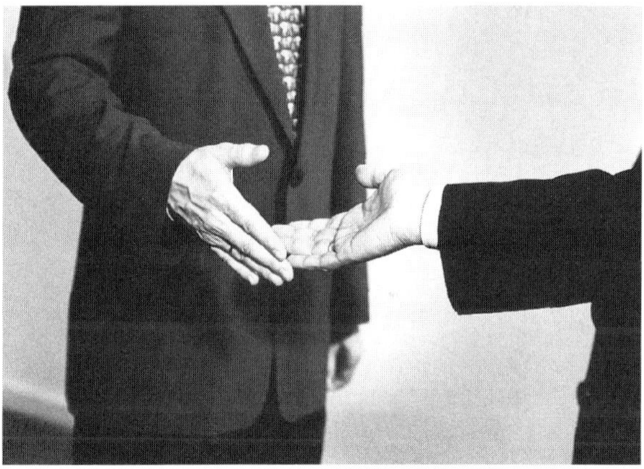

Foto 12

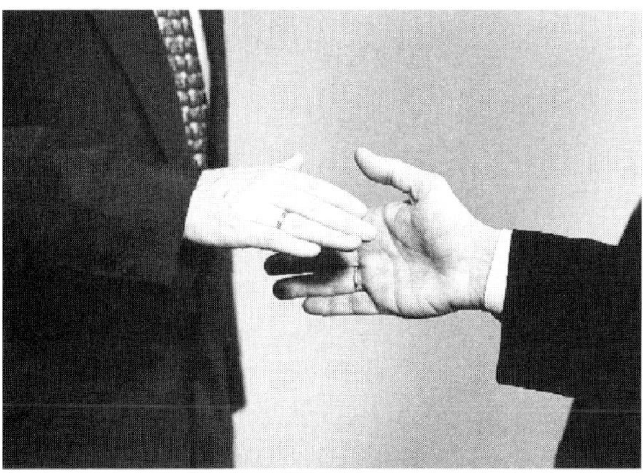

Foto 13

Foto 14

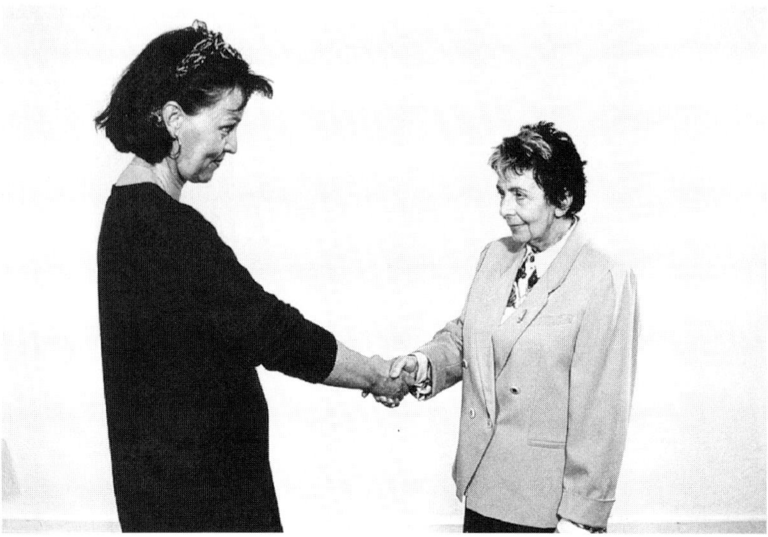

Foto 15

Abb. 16

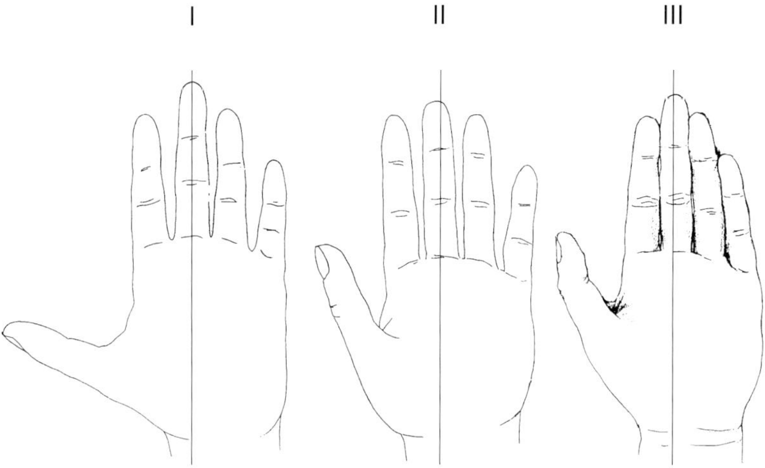

Foto 17

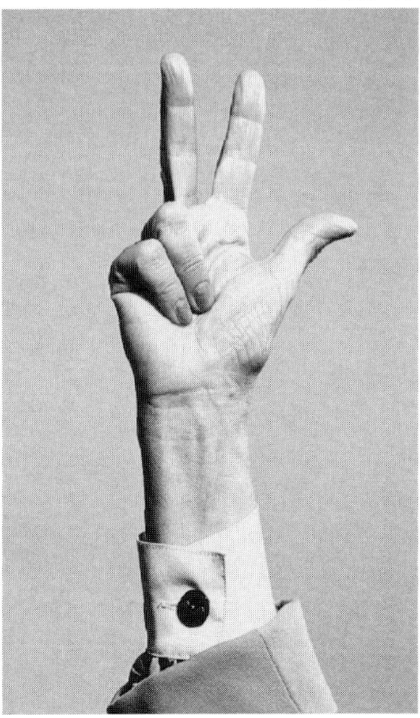

Foto 18

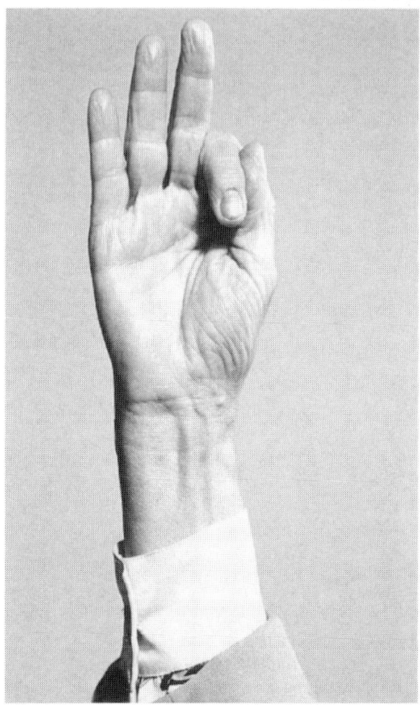

Foto 19

Foto 20

Foto 21

Foto 22

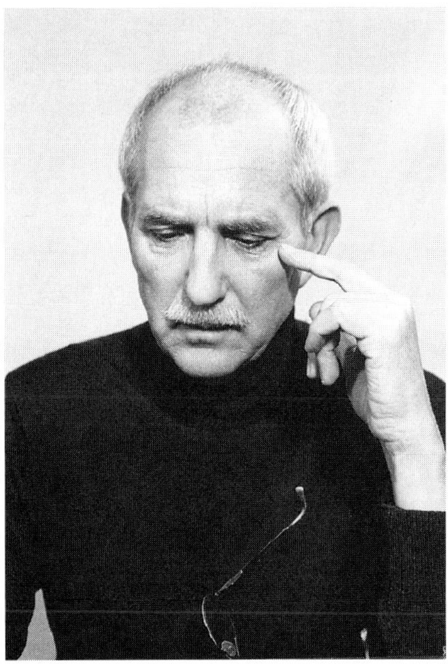

Foto 23

Foto 24

Foto 25

Foto 26

Foto 27

Foto 28

Foto 29

Foto 30

Abb. 16: Ich-/Du-Seiten in der Hand
Foto 17: Ich-Seite
Foto 18: Du-Seite
Foto 19: auf der Stirn waagerecht
hin- und herstreichen
Foto 20: an der Nasenwurzel auf- und abstreichen
Foto 21: an der Schläfe seitlich
auf- und abstreichen
Foto 22: die Ecke des Augenlides streichen
Foto 23: eine Falte zwischen
den Augenbrauen kneifen
Foto 24: mit dem Zeigefinger unter der Nase
entlangstreichen
Foto 25: die Nase entlang
rauf- und runterstreichen
Foto 26: die Hand vor den Mund halten
Foto 27: sich auf die Lippen beißen
Foto 28: das Kinn wie einen Bart streichen
Foto 29: das Kinn seitlich streichen
Foto 30: sich hinter dem Ohr kratzen

Gesten links und rechts: Sind beide gleich zu bewerten?

Zahlreiche Gesten vollführen wir mit beiden Händen: etwas heben und halten, anziehen, umarmen, basteln, kochen, Maschineschreiben – und wir tun das so instinktiv oder mechanisch, daß wir oft gar nicht registrieren, welche Hand dabei was tut.

Eingebürgert haben sich Gesten mit einer bestimmten Hand, nämlich meistens mit der rechten: Begrüßungen, Wortmeldungen, Eidesformeln. Diese ist, wie wir schon beim Neandertaler erfahren haben, die Kampfhand.

Nun kommt der berühmte Einwand: Wie ist das aber bei Linkshändern? Die Experten streiten sich immer noch über die Gründe dieser Veranlagung. Aber die brauchen wir hier nicht zu erörtern.

Da alle Menschen sämtliche Organe – Herz, Leber, Lunge, Magen usw. – an der gleichen Stelle links- oder rechtsseitig im Körper tragen, genauso wie die Schaltzentrale des Gehirns bei allen gleich funktioniert, tun wir gut daran, Linkshändigkeit als eine spezielle Gen- oder Vererbungsanlage zu beurteilen, so wie ein grünes und ein graues Auge im Gesicht oder andere Merkmale, die aus der Norm fallen.

Für unsere Beurteilung der Gesten ist eines wichtig: In unserem westlichen Kulturkreis wird bei Linkshändern von Jugend an geübt, die Aktivität auch auf die rechte Hand zu verlegen. Das ist bei der rapiden Technisierung notwendig. Der Linkshänder lernt Auto zu fahren wie der Rechtshänder, Türen zu öffnen und zu schließen, Begrüßungen auszutauschen, Geräte zu bedienen. Man merkt dem Erwachsenen die Linkshändigkeit nicht mehr an.

Eine Tätigkeit ist ausgenommen: Das Schreiben.

Sie stellen im Fernsehen bei Unterschriftsprotokollen oder an der Kasse einer Bank erstaunt fest: Der schreibt ja links! Meistens malen diese Leute auch links (das sieht man in der Öffentlichkeit allerdings kaum), oder sie nähen und basteln mit dieser Hand.

Aber das sind rein manuelle Fertigkeiten: Sie haben mit unserer Denk- und Formulierfähigkeit, mit technischem Know-how nichts zu tun!

Linkshänder sind nicht etwa „seitenverkehrt" – alles funktioniert bei ihnen wie bei Rechtshändern. An dieser Stelle sei gleich auf eine immer noch verbreitete Falschinformation hingewiesen, die aus alten Aberglaube-Zeiten stammt: Links sieht man die Anlagen, rechts das, was wir daraus machen! Das stimmt nicht! Wir haben zwei Nieren, zwei Augen, zwei Ohren usw., und beide sind notwendig. Wenn die linke Hand wirklich nur die Anlage zeigen würde – warum verkümmert sie dann nicht im Laufe der Jahre? Vergessen Sie bitte diese meist negativ gemeinte Aussage. Viel wichtiger und entscheidend ist eine jahrtausendealte Einteilung:

Wir haben alle eine bewußte rechte Körperseite und eine unbewußte linke. Alle unsere gedanklichen, logischen, ethischen und moralischen Impulse und Werte beherbergt die rechte Körperhälfte. Die linke ist zuständig für Emotionen, Gefühle, seelische Belange, künstlerische Impulse, Herzensdinge. Das gilt auch für den Linkshänder.

Eine Einschränkung ist möglich:

Da die manuelle Fähigkeit beim Linkshänder in der linken Hand ausgeprägter ist, kann er durchaus diese Hand stärker mit Gesten einbeziehen als der Rechtshänder. Aber auch da gibt es Abstufungen von „wenig" über „mehr" bis zu „sehr viel".

Sie wissen, wie beliebt in Krimis bei der Aufdeckung eines Mordfalls stets die epochale Entdeckung des Kommissars ist: Der Täter, der geschossen hat, war Linkshänder! Anders kann die Kugel von da nach dort gar nicht getroffen haben! Nun, solche Extremsituationen überlassen wir dem Fernsehen. Wir bleiben bei den Gesten, die uns im Alltag rund um die Uhr begegnen. – Bei Begrüßungen reichen wir uns die rechten Hände. Der Linkshänder tut das auch, denn es ist so Sitte.

Es ist übrigens gar nicht so schwer, sich das anzugewöhnen!

Wer als Rechtshänder einmal eine Armverletzung oder den rechten Arm mitsamt Hand in Gips hatte, mußte ja lernen, alle Bewegungen mit links auszuführen. Ich war ein paar Monate in so einer Situation. Zuerst ist es sehr schwierig – jeder hat seine Fallstricke. Meine waren das Kämmen und Schminken und vor allem die Benutzung des Küchenmessers. Alles andere hat man in kürzester Zeit ganz gut bewältigt. Schreiben allerdings lernte ich nie – das blieb ein Gekritzel und Gezittere. Begrüßungen, kleine Lasten tragen oder etwas bewegen, Handreichungen,

Geld und Schlüssel benutzen – all das stellte kein Problem dar. Die meisten Linkshänder haben das Umpolen so in ihr Leben integriert, daß sie viele Dinge mit rechts übernommen haben oder beidseitig beherrschen.

Wir können also davon ausgehen, daß die Gesten des Alltags, ob angeboren oder angelernt, bei Links- und Rechtshändern ziemlich gleich sind. Wie viele andere Verhaltensweisen – etwa die aufrechte Haltung, die deutliche Sprache, schnelle Bewegungen oder ein stets freundliches Gesicht – sind auch sie als „zweite Haut" oder „wie ein Handschuh" mitgewachsen, ohne angeboren zu sein.

Wichtig und entscheidend für uns ist, wann der Mensch während eines Gesprächs die unbewußten Gesten ausführt, mit denen er – ohne es zu merken – seine Worte unterstreicht oder abschwächt.

Dabei können Sie etwas Erstaunliches feststellen – vor allem im Fernsehen, in Talkshows, Interviews oder Debatten (nicht bei Fernsehspielen oder Filmen – da werden alle Bewegungen vom Regisseur genau vorgeschrieben):

Wir agieren viel mehr mit unserer rechten Hand. Wir könnten dieselben Gebärden auch links machen, aber wir machen sie rechts. Die rechte Seite also, die bewußte, gedanklich-geistig orientierte, die rational-verstandesmäßig ausgerichtete Seite gibt weit mehr Impulse von sich als die gefühls- und gemütsmäßig gelagerte, fantasievolle, instinktiv und emotional geprägte Hand!

Wir wissen nicht, ob das immer so war. Aber die Kopflastigkeit vergangener Jahrhunderte hat natürlich auch unsere Gesten geprägt. Worte sind formulierte Gedanken, eigentlich ist es dementsprechend nur natürlich, daß diese Worte von der mehr kopfbetonten Seite – also der rechten Seite – unterstrichen und bekräftigt werden.

Die Einteilung dieser beiden Hälften des Menschen ist übrigens uralt und entwickelte sich bei den klassischen Griechen und Römern zur Hochblüte.

Wenn wir die rechte Hand zum Schwur heben – zwei Finger weisen zum Himmel, der Daumen liegt eng an –, dann versuchen wir, die geistig-göttliche Bindung herzustellen.

Mit den gleichen beiden Fingern auf der Fahne oder der Bibel geloben wir dem Vaterland die Treue. Auch dies tun wir mit klarem Bewußtsein.

Die erhobene rechte Hand, die die jeweiligen Parteianhänger grüßt oder anfeuert, koppelt Selbstbewußtsein mit Überzeugungskraft. Wenn die rechte Hand theatralisch zum Herzen geführt wird, mit den beteuernden Worten „Hand aufs Herz", dann entsteht bei vielen Menschen ein berechtigter Zweifel: Die Verstandeshand nun gerade zum Herzen, dem symbolischen Sitz der Gefühle, zu führen, na, ob das so ganz echt ist? Ist es meist nicht, Sie haben vollkommen recht.

Versuchen Sie andererseits einmal, mit der linken Hand begeisterte Volksmassen zu grüßen – irgend etwas wird Sie vielleicht blockieren.

Wenn Sie eine Melodie, eine Musik, hören und die Augen schließen oder mitsummen, dann vollführt fast immer die linke Hand dabei wiegende, sanft rhythmische Bewegungen im Takt der Musik.

Und jetzt dirigieren Sie mal einen Schunkelwalzer oder einen Marsch – da ist es sofort die rechte Hand, die mit Schwung die Führung übernimmt.

Sie suchen nach Worten, um die Stimmung, das Gefühl zu beschreiben, als Sie gestern Ihre Großmutter im Krankenhaus besuchten: Ohne daß Sie es merken, wird Ihre linke Hand vage, unsichere Gesten vor Ihrer Brust machen, als könnten Sie damit die Rührung, die Bewegtheit zeigen, die Sie bei diesem Anblick erfaßte.

Wie oft geht bei Berichten der Trauer, der Aufgewühltheit, die linke Hand unkontrolliert und ziellos zum Gesicht und wieder weg. Sie übernimmt quasi die stockende Botschaft der Worte, will dem Gegenüber das Gefühl verdeutlichen, klar machen. Worte allein können das nicht.

Wenn jemand ein kummervolles Erlebnis erzählen muß, dann sehen Sie dabei die Hände des Menschen an: Wie ein zitternder Vogel gleitet die Linke über die Armlehne des Stuhles, huscht hin und her, ohne Halt oder Hilfe. Die Rechte krallt sich oft in die Armlehne, als wolle sich das Bewußtsein eine Stütze suchen.

Schilderungen von Träumen, Fantasien und Stimmungen werden fast immer von Gesten der linken Hand begleitet, Tatsachen, Fakten, Ereignisse fast immer durch Gesten der rechten Hand noch unterstrichen.

Werfen Sie mal einen Blick in Ihre beiden Innenhände. Da werden Sie sehen, wie erstaunlich verschieden der Verlauf der Linien ist.

Die linke, unbewußte Hand verrät uns, was in unserem Inneren vorgeht, wie wir im „stillen Kämmerlein“ mit unseren Anlagen, Prägungen, Charakterzügen fertigwerden.

Die rechte, bewußte Hand zeigt dagegen, wie wir die gleichen Eigenschaften in der Umwelt, im realen Leben, mit unserem Auftreten bewältigen.

Uns geht es aber hier in erster Linie um die Gesten – links- oder rechtsseitig.

Das Fernsehen ist wieder ein vorzüglicher Lehrmeister, weil Sie selbst unbeteiligt sind, also genau registrieren und beobachten können. Achten Sie bei der nächsten Bundestagsdebatte mal auf die Redner.

Aber:

Diese Redner sind alle geschult oder zumindest entsprechend vorbereitet, ihr Image zu wahren oder zu verstärken. Alle wissen, daß die Kamera mitläuft. Man kann sich also um klare Definition, Entgegenkommen oder massiven Angriff bei seinen Argumenten bemühen.

Man weiß auch, daß es besser ist, die Hände links und rechts am Rednerpult zu fixieren, nicht dauernd damit herumzufuchteln und Drohgebärden zu vermeiden. Das weiß man!

Das kann man auch lange Zeit durchhalten.

Jedoch bei Debatten, bei Zwischenrufen gerät die schöne Pose oft außer Kontrolle. Da werden Sie sehen, wie der rechte Arm mit aufspießendem, anklagendem Zeigefinger immer wieder wild auf den Gegner „einsticht". Das Bewußtsein, der Verstand diktiert den verbalen Angriff und unterstützt ihn durch Gebärden. Sehr viel seltener wird die linke Hand beschwörend, mahnend, bittend mitbewegt, um unbewußt ein eindringliches Anliegen zu unterstützen. Da haben dann wirklich starke Emotionen den Redner überwältigt.

Allerdings gibt es (selten!) Rhetoriker, die beide Arme und Hände gezielt und eiskalt einsetzen können.

Sehr gut ist die unbewußte oder bewußte Reaktion bei Talkshows oder Diskussionen am runden Tisch zu verfolgen. Da weiß keiner genau, wann die Kamera ihn erfaßt. Das rote Licht ist schnell vergessen, man muß sich auf zu vieles konzentrieren. Und schon sehen Sie, daß Frau A. etwas sagt und Herr B. gegenüber mit verächtlicher Linksgebärde das Argument zu Boden fegt. Oder Herr C. erläutert seinen Standpunkt, und Frau D., die eigentlich von der Gegenpartei kommt, hat ihren linken Arm auf den Ellenbogen aufgestützt, die Handfläche ist Herrn C. zugekehrt und bewegt sich unmerklich bejahend auf und nieder. Da haben die Ausführungen von Herrn C. absolut ein Echo bei ihr gefunden, auch wenn sie jetzt lauthals versichert: „Also als Parteivorsitzende der XYZ muß ich mich energisch dagegen verwahren, daß ...“.

Übrigens: Sicherlich wird ein Linkshänder unbewußte Emotionen häufiger mit der linken Hand, dem linken Arm ausdrücken. Daß jemand ein Linkshänder ist, können Sie oft daran erkennen, daß er mit der linken Hand zum Wasserglas greift.

Die Ich- und die Du-Seite der Hand – ein gravierender Unterschied!

Wir haben die Gesten anhand der Elementzugehörigkeit in Luft, Feuer, Wasser und Erde unterteilt. Oder in Sanguiniker, Choleriker, Melancholiker, Phlegmatiker. Dabei haben wir zwischen den eher extrovertierten Charakteren (Luft, Feuer), und den eher introvertierten Charakteren (Wasser, Erde) unterschieden. Im Gespräch mit einem Vis-à-Vis oder beim Beobachten der Diskussionsrunden im Fernsehen können Sie noch einen sehr deutlichen Charakterhinweis erhalten.

* Ist die Ich-Seite stärker betont?
* Halten sich Ich- und Du-Seite die Waage?
* Liegt die Dominanz auf der Du-Seite?

Es kann für Sie recht interessant sein, dies bei sich und Ihrer nahen Umgebung festzustellen.

Halten Sie bitte beide Hände vor sich, die Finger leicht geöffnet.

Ziehen Sie nun im Geiste von der Fingernagelspitze des Mittelfingers bis hinunter zum Handgelenk, beziehungsweise zum Handansatz, eine Trennungslinie. Daumen, Zeigefinger und der halbe Mittelfinger gehören zur Ich-Seite der Hand. (Abb. 16)

Der andere halbe Mittelfinger, der Ringfinger und der kleine Finger machen die Du-Seite der Hand aus.

Diese Einteilung ist sehr sehr alt und gut nachvollziehbar: Bitte nehmen Sie die drei Finger der Ich-Seite (Daumen, Zeigefinger, Mittelfinger), und tun Sie so, als führten Sie ein Stück Brot zum Mund oder ein Glas an die Lippen. Sie machen mit den drei Fingern Knöpfe auf und zu, fassen einen Löffel, eine Gabel, einen Stift – nur bildlich! Das ist alles kein Problem. Sie könnten etwas heben und tragen, ja sogar ein Messer packen und sich gegen einen Feind wehren.

Oder Sie nehmen einen Ziegel oder Stein auf und bauen damit eine Mauer oder ein Haus. Dies alles und hundert alltägliche, notwendige Handgriffe ermöglichen die drei Finger der Ich-Seite. (Foto 17)

Damit symbolisiert die Ich-Seite der Hand die Kräfte, die wir zum nackten Überleben brauchen: Essen, Trinken, Tragen, Halten, Bauen, Kämpfen.

Nun halten Sie bitte Daumen und Zeigefinger fest, und probieren Sie, was Sie mit der Du-Seite können. Nehmen Sie den Ringfinger, den kleinen Finger und ruhig den ganzen Mittelfinger dazu: Sie können praktisch nichts tun! Keine Geste, keine Handhabung, die zum Überleben reicht. Sie können gerade mit dem kleinen Finger etwas „winke, winke" machen. (Foto 18)

Die Du-Seite ist also auch in der Hand sozusagen die Weiterentwicklung des Ichs. Sie winkt dem Du zu und gibt ihm Zeichen. Überleben kann der Mensch aber nur mit der Ich-Seite. So hat es der Plan der Natur vorgesehen.

Nun gibt es viele Menschen, die bei ihren Gesten ganz extrem die Ich-Seite der Hände benutzen. Der Mittelfinger und der kleine Finger sind häufig eingerollt, inaktiv, sehr viel weniger beweglich. Wir dürfen aber nicht automatisch annehmen, sie alle wären Egozentriker, Egoisten! Die starke Ich-Betonung aktiviert nämlich ungeheure Kräfte! Darunter Einsatz, Verantwortungsbewußtsein, Führungsqualität, Durchsetzung, Mut und Initiative.

Natürlich sind dabei auch die Kehrseiten – Rücksichtslosigkeit, Brutalität und Ellenbogengebrauch – eingeschlossen.

In unserem stark von Willen und Zielstrebigkeit geprägten Erfolgsdenken gibt es sehr viele Menschen mit überwiegender Ich-Seite.

Handinhaber mit der Betonung auf der Du-Seite sind schwerer zu erkennen. Ihr augenfälligstes Merkmal sind die geschlossenen Finger. Die Ich-Finger schmiegen sich meist an die Du-Finger an: Der Zeigefinger lehnt am Mittelfinger, der Daumen ist ein wenig abgespreizt, er liegt oft nahe am Zeigefinger. Das Ich bindet sich damit an das Du, neigt sich ihm zu, löst sich nicht ab. Weil uns aber vom Du auch Verletzungen zugefügt werden können, haben die Menschen bei der Du-Hinwendung fast immer die Innenhand zu sich gekehrt, zeigen sie selten, führen ihre Gesten mit geschlossenen oder leicht geöffneten Fingern aus. Sie bewegen beim Reden die Hände vor der Brust oder dem Gesicht. Die Finger formen gern eine flache Schale, sind leicht zum Körper gewölbt. Wir haben diese Gesten schon bei den introvertierten Charakteren kennengelernt.

Wenn Sie Vortragende oder Redner mit dieser Handbewegung sehen, können Sie mit Sicherheit schließen auf:

* Weniger Durchsetzungskraft in punkto Egozentrik (mit Vor- und Nachteilen).
* Mehr Bereitschaft, auf ein Du zu hören (mit Vor- und Nachteilen).

Die Bewertung beider Anlagen ist immer gleich.

Auch der Ich-betonte Mensch kann äußerst sozial eingestellt sein – wenn man ihn anerkennt und respektiert. Und der Du-betonte Mensch kann auch seine eigenen Forderungen und Bedürfnisse absolut durchsetzen – nur etwas weniger aufwendig und mit „sanfter Gewalt".

Wenn Sie mit jemandem „Pferde stehlen" wollen, halten Sie sich besser an den couragierten Ich-Menschen – der sagt Ihnen auch noch, wo man die besten Tiere findet. Wenn Sie mit jemandem in soziale Kommunikation und Arbeitsteilung treten wollen, wird der Du-Mensch ein sensibleres Ohr dafür haben.

Zahlreiche Menschen fallen in die „mittlere Kategorie", bei der beide Seiten gleich stark vertreten sind. Da können Sie beide Seiten aktivieren, oder Sie stoßen beiderseits auf ziemliche Gleichgültigkeit.

Die Botschaft der einzelnen Finger

Alle Eigenschaften, die die Finger symbolisieren, gelten für die linke *und* die rechte Hand.

Links werden sich diese Eigenschaften im Unbewußten, in unseren Gedanken und inneren Wünschen zeigen, rechts bewegen wir uns mit diesen gleichen Eigenschaften in der Umwelt, dadurch unser Auftreten.

(Sie erinnern sich an S. 81 ff: Links und rechts sind beide gleich!)

Der Daumen

Wir betrachten auf der Ich-Seite der Hände unseren Daumen. Er verkörpert Willen, Energie, Antrieb und Sexualtrieb. Daher gibt es zahlreiche obszöne Gesten, in denen der Daumen eine Hauptrolle spielt.

Für uns ist als Charakteristik jedoch die unbedingte Willensdurchsetzung maßgebend.

Generell gilt:

Daumen gerade und kräftig:

Zeigt starke Energie. Man will und kann sich behaupten, kann aber auch rücksichtslos werden.

Daumen läßt sich weit abspreizen, etwa 90 Grad:

Die starke Extrovertiertheit braucht eine Aufgabe, bei der Führungsfähigkeiten entwickelt werden. Gute Chancen, sich beruflich selbständig zu machen.

Daumen mit runder, praller Fingerkuppe (Daumenbeere):

Robuster Antrieb, mutig. Man läßt sich nicht von seinem Ziel abbringen. Bei Prüfungen, bei der Durchsetzung seiner Ideen besitzt man starke Kraftreserven für den Endspurt.

Daumen schlanker und zarter, kürzer:

Zeigt sensiblere Energien, keine gewaltsame Willensdurchsetzung. Man erreicht Anerkennung auch über diplomatisches, scheinbar anpassendes Verhalten.

Daumen läßt sich nicht sehr weit abspreizen, nur etwa 45 Grad:

Unabhängigkeit wird nicht unbedingt angestrebt. Diese Menschen bleiben mit ihrem Durchsetzungswillen in maßvollen Grenzen. Sie müssen nicht unbedingt eine Führungsposition haben. In der Gruppe oder Gemeinschaft fühlen sie sich sicherer.

Daumenkuppe abgeflacht:

Oft nervöse Scheu vor zu starker Selbstbehauptung. Bei schwierigen Entscheidungen (soll man Vorteile für sich rausschlagen, jemanden bestrafen oder entlassen) hat man häufig ein schlechtes Gewissen.

Wichtig:

> *Je stärker der Daumen ausgeprägt ist, um so wahrscheinlicher ist die Ich-Betonung der Hand.*
> *Je schwächer der Daumen ausgeprägt ist, um so wahrscheinlicher ist die Du-Betonung der Hand.*

Der Zeigefinger

Der Zeigefinger verkörpert Selbstverwirklichung, Stolz, Entfaltung, Führungskraft.

Generell gilt:

Zeigefinger gerade, kräftig, rund:

Starkes Selbstbewußtsein. Man will in der Öffentlichkeit anerkannt werden, ist stolz auf seine Leistungen und möchte nicht übersehen werden.

Zeigefinger zarter, kürzer, schlank:

Der Eigenentfaltungswunsch ist nicht so ausgeprägt, auch nicht der Drang, in die Öffentlichkeit zu treten. Eigene Bedürfnisse stellt man eher in den Hintergrund – man sieht sich nicht als Mittelpunkt.

Wichtig:

> *Ist der Zeigefinger länger als der Ringfinger, dann ist eine Ich-Seiten-Betonung wahrscheinlich. Ist dazu der Daumen sehr ausgestellt, dann wird man die Eigenentfaltung für Spitzenpositionen, Machtwünsche oder Berühmtheit durchsetzen wollen und auch können.*

Neigt sich die Spitze des Zeigefingers dem Mittelfinger zu, muß die Eigenentfaltung in den Dienst einer Aufgabe, einer Pflicht gestellt werden. Reichtum und Erfolg nur für die eigene Person anzustreben, wird den Handeigner auf Dauer nicht befriedigen.

Der Mittelfinger

Der Mittelfinger ist halb der Ich- und halb der Du-Seite zugehörig. Er verkörpert unsere Lebensaufgabe, Pflichten, Verantwortung, Maßhalten und das Kreuz, das wir tragen.

Generell gilt:

Mittelfinger sehr lang, gerade und groß:

Verantwortung und Gerechtigkeitssinn sind sehr ausgeprägt. Man weiß um das Schicksal, das man trägt. Die Veranlagung, alles sehr ernst zu nehmen, ist recht dominierend.

Mittelfinger schlanker, kürzer, kaum länger als die Nachbarfinger:

Spricht für eine eher leichtere Gemütsart. Lasten werden nicht als Bürde empfunden, auch wenn sie anderen Menschen als sehr schwer erscheinen mögen.

Wichtig:

Neigt sich der Mittelfinger zum Zeigefinger, ist eine Betonung der Ich-Seite wahrscheinlich. Man sollte der Ich-Konzentration aber einen Sinn geben: Forscher, Erfinder, Wissenschaftler fänden hier Aufgaben.

Neigt sich die Spitze des Mittelfingers dem Ringfinger zu, sind Pflichten und Verantwortung für ein Du zu übernehmen: Leitung und Vorbild in Gruppen, Gemeinden, Organisationen jeder Art.

Der Ringfinger

Der Ringfinger ist unserem „Du“ zugeordnet. Das „Du“ ist alles, was uns am Herzen liegt, was unser Herz erwärmt. Er heißt daher auch „Sonnenfinger“. Hier sind symbolisch unsere Ideale verkörpert, künstlerisches und religiöses Engagement, soziale Ideen und vor allem unser unmittelbares „Du“: Partner, Kinder, Eltern, oder das „Du“ unseres Berufes: Publikum, Patienten, Klienten, Schüler etc.

Generell gilt:

Ringfinger gerade, groß, lang:

Die Du-Aufgabe ist vorrangig, wir müssen uns ihr zuwenden und Eigenwünsche zurückstellen. Das Publikum ist wichtiger als eigener Ruhm, das Betreuen der Familie liegt mehr am Herzen als eigenes Vergnügen. Der Patient hat Vorrang vor dem Profit.

Ringfinger schlanker, feiner, kleiner:

Das Engagement für ein „Du" ist kein Herzensbedürfnis. Man kann auch ohne religiöse, künstlerische oder soziale Bindungen gut auskommen. Mozart muß man nicht lieben, enge Freundschaften und große Ideale braucht man auch nicht.

Wichtig:

Ist der Ringfinger länger als der Zeigefinger, ist eine Betonung der Du-Seite wahrscheinlich. Gute Chance für eine künstlerische Betätigung in Beruf oder Hobby. Auch auf religiösem, sozialem oder esoterischem Gebiet kann die Selbstverwirklichung sehr befriedigen. Neigt sich die Spitze des Ringfingers dem Mittelfinger zu, ist unsere Lebensaufgabe an das „Du" gekoppelt.

Das „Wir" ist wichtig. Man sollte nicht leben, als gäbe es keine Partner, die man lieben oder für die man sorgen muß.
Daß sich der Ringfinger dem kleinen Finger zuneigt, ist recht selten. Hier konzentriert sich die „Sonnenkraft" auf das „Alltags-Du" und kann es „vergolden". Man hat in solchen Fällen eine gute Hand für rentable Spiel- und Amüsiersalons, Freizeitparks, auch Vergnügungsetablissements. Zwielichtige Geldgeschäfte locken und – wie der Volksmund sagt – „man macht eine gute Partie"!

Der kleine Finger

Der kleine Finger verkörpert unsere Kommunikationsbereitschaft, das Sprechen, Schreiben und Verhandeln.

Generell gilt:

Kleiner Finger ziemlich kräftig und groß:

Tüchtige Alltagsbewältigung, dazu ein guter Umgang mit Realitäten, auch mit Geld. Vernunft, Durchsetzungsvermögen. Man kann logisch denken und gut organisieren.

Kleiner Finger eher zart, kurz, schlank:

Man ist nicht sehr umsichtig oder geschäftstüchtig, scheu bei der Kontaktaufnahme, hat manchmal Sprechhemmungen. Bei finanziellen Verhandlungen sollte man vorsichtig sein.

Kleiner Finger weit abgespreizt:

Starke Neugierde und unbekümmerte Hinwendung zum Du ist oft mit guter Gesprächsführung gekoppelt. Man ist immer bereit zum Flirt, aber auch zum Klatsch.

Kleiner Finger zur Hand gebogen:

Zeigt Zurückhaltung in der Annäherung. Die praktische Bewältigung des Alltags wird vorsichtig angegangen. Man sucht und findet Halt und Hilfe bei seinem „Du", welcher Art auch immer. Auch beim Entfliehen in eine Welt der Ideale, Schönheit und Künste.

Diese kurze Charakteristik können Sie sich leicht einprägen. Sie ist übrigens uralt und in allen Kulturen beheimatet und bewährt. Übersetzen Sie bitte alle Eigenschaften auf die linke oder die rechte Hand, die sind nämlich oft sehr verschieden.

Rechts bewältigen Sie mit diesen Eigenschaften die reale Umwelt, links erkennen Sie Ihre Eigenschaften, wie sie sich im „stillen Kämmerlein" auswirken.

Beides müssen Sie dann kombinieren. Und das ist nicht immer ganz leicht!

Dazu drei Beispiele:

1. Beispiel:

Links ist der Zeigefinger gerade, stark und dick:

Ich habe innerlich den unbedingten Wunsch nach Selbstverwirklichung und Entfaltung. Möchte z.B. eine neue Sprache lernen, meinen technischen Beruf durch einen Computer-Lehrgang bereichern oder ein Jahr ins Ausland gehen.

Rechts ist der Zeigefinger schlank, kürzer, seine dünne Spitze neigt sich dem Mittelfinger zu:

Im realen Alltagsleben muß ich meine eigenen Wünsche einer Aufgabe unterordnen: Ich kann nicht ins Ausland reisen, weil meine Familie die finanzielle Absicherung braucht. Die notwendige Mitarbeit im Geschäft erlaubt mir kein Sprachstudium. Die Erziehung der Kinder, die Pflege der Eltern machen eine zusätzliche Zeitbelastung durch den Computer-Lehrgang unmöglich. Diese Situation gibt mir das Gefühl: Meine eigene Person kommt ewig zu kurz und kümmert vor sich hin.

Schwierig! Nehmen Sie Ihre Situation an. Hadern und Grämen tut nicht gut. Wenn Sie gegen diese Anlagen leben, werden Sie nicht glücklich.

2. Beispiel:

Der Ringfinger rechts ist besonders lang, gerade, groß und rund:

Ich gehe also mit Überzeugung in meinem künstlerischen Beruf auf. Oder ich bin mit Leidenschaft ein sehr bekannter Arzt, ein gefragter Heilpraktiker. Oder meine Stellung als Fachberaterin mit etlichen gesellschaftlichen Verpflichtungen nimmt mich ganz in Anspruch. Ich verdiene sehr gut, habe wenig Zeit, mich um meinen Mann oder meine Eltern zu kümmern. Kontakte und Freundschaften bleiben auf der Strecke. Ich lese nur noch Fachartikel.

Links ist der Ringfinger viel dünner und schmiegt sich an den Mittelfinger an:

Vielleicht plagt mich nachts das schlechte Gewissen, ich vergesse Geburtstage, bin nervös und schlucke Tabletten. Aber ich kann doch meine Position nicht aufgeben! Das gibt Reibungen und kostet Kräfte!

3. Beispiel:

Links ist der Daumen kraftvoll, der starke Zeigefinger ist gerade, die Spitze des Mittelfingers tendiert zur Ich-Seite:

„Ich bin ein leidenschaftlicher Sportler, Skispringer, denke ständig daran, daß ich bei mehr Training eine Top-Form haben könnte!“ Oder: „Diese neue Internet-Technik, was könnte ich da erfinden, Superideen habe ich! Wenn ich nur könnte, die Zeit hätte …“ Oder: „Ich male, wie es mir gefällt! Ich muß diese großen Bilder malen, ob sie jemand kauft oder nicht!“

Rechts ist die Ich-Seite der Hand dünner, Zeigefinger und Mittelfinger neigen sich mit der Spitze einander zu:

„Diese Unkosten des täglichen Lebens … Sie erlauben mir kaum, meinen Sport aktiv auszuüben, irgendwohin zu fahren … Nur arbeiten, Geld verdienen, das Haus abbezahlen … dabei wäre ich so gut …“ Oder: „Was soll ich denn mit dem Vater machen! Der Dickschädel geht in kein Heim! Abends muß ich ihm vorlesen, mit ihm spazierengehen, keine Zeit habe ich für meine Internet-Forschungen …“ Oder „Natürlich verdiene ich wenig. Nichts! Das muß die Frau machen – leider. Aber eines Tages werde ich berühmt und habe viel Geld … ich glaube an mich, ich bin Künstler!“

Sie sehen: Der Zwiespalt liegt in unserer eigenen Natur. Die Probleme brauchen gar nicht von außen an uns herangetragen zu werden.

Wenn Sie ein Hobby, eine Freizeitbeschäftigung, eine sinnvolle Betätigung neben dem Berufsleben suchen – schauen Sie, ob Ihre Hände sie anbieten!

Bedenken Sie: Vielen Menschen bleiben nach der Berufstätigkeit noch 15 bis 20 Jahre, die sinnvoll ausgefüllt sein wollen! Da können Sie nicht nur mit dem Hund Gassi gehen, fernsehen und im Winter nach Mallorca fliegen!

Die Botschaft der Finger bei der Ich-Betonung der Hand

Übersetzen Sie jetzt bitte die Vorschläge der Berufsgruppen auf Ihre Neigungen und die mögliche Verwirklichung. Sie werden schnell merken, was Ihnen zusagen könnte, oder wo Sie heftig den Kopf schütteln.

Menschen, die eine ausgeprägte Ich-Seite in der Hand haben, sind weder Egoisten noch Egozentriker – das sei noch einmal betont. Ihre Anlagen sind nur so geartet, daß die Ich-Durchsetzung sie am stärksten fordert und ihre Kräfte am besten entfaltet. *Das ist besonders wichtig, wenn diese Gaben in Berufsleben und Familienalltag nicht zur Geltung kamen.*

Die Berufsgruppen gelten für Männer und Frauen gleichermaßen.

Die Ich-Seite mit besonders ausgeprägtem Daumen:

Die Eigenschaften:

Risikobereitschaft und Zivilcourage sind vorhanden. Der Wunsch nach Leistungsanerkennung gibt Mut, verführt aber manchmal zu Übermut. Führungskräfte und Führungsanspruch sind vorhanden. Man sollte immer versuchen, in jeder Gruppe eine aktive Position anzustreben und nicht mit der Herde mitzulaufen.

Man kann Ausgefallenes wagen: Im Beruf und in der Freizeit Entwicklungshilfe leisten, Pionier- und Erlebnisfahrten arrangieren und unternehmen, um fremde Länder und Kulturen kennenzulernen.

Initiative für Schwächere ergreifen: Man könnte Greenpeace oder die Grauen Panther unterstützen, Kinderhilfswerken, SOS-Dörfern oder UNICEF seine Mitarbeit anbieten, sich als Lokomotive sozialen oder menschenrechtsengagierten Gruppen zur Verfügung stellen.

Einsatz mit Zivilcourage: Freie Selbständige in kleineren und größeren Betrieben (mit Ausbildung: Geldanlagen, Wirtschaftsberatung etc.), eigenes Geschäft eröffnen, Eigenbeteiligung mit Verantwortung.

Einsatz mit Mut: Als Zweitberuf oder Hobby bei Polizei, Feuerwehr, Detekteien oder diversen Rettungsdiensten arbeiten.

Risikobereitschaft bei: Betreuung von Strafentlassenen, schwererziehbaren Jugendlichen, Süchtigen oder sozialen Randgruppen.

Sportarten: Rennfahrer, Skispringer, Bergsteiger, Wassersportler könnten – egal ob Mann oder Frau – Wunschziele erreichen. Bei Wettkämpfen bitte altersgerecht dosieren!

Hobby: Artistisches Talent vorhanden für Tierdressuren, Stuntman-Einsätze etc. Künstlerische Interessen weniger ausgeprägt.

Politik: Starkes Engagement möglich. Dann sollte man eine dominante Position in einer Partei anstreben.

Der Daumen wird seit über 2000 Jahren dem jungen Kriegsgott Mars zugesprochen. Ihn zeichnen Mut, Kampfbereitschaft, herausragende Aktivität und Siegeswillen aus. Manchmal kann er allerdings auch über das Ziel hinausschießen.

Die Ich-Seite mit besonders ausgeprägtem Zeigefinger:

Die Eigenschaften:

Führungs- und Vorbildqualitäten, außerdem ein starkes Rechts- und Gerechtigkeitsempfinden. Durchsetzungskraft und Stolz auf eigene Leistung sind ausgeprägt. Man braucht die Anerkennung. Bei entsprechenden Sachkenntnissen sind gute juristische Beratungsmöglichkeiten vorhanden: Verteidiger, Anwalt, Schöffe. Talent zum Steuerberater. Auch Ehrenämter sollte man nicht ausschlagen.

Sehr häufig ist die Gabe zur Diplomatie bei wirtschaftlichen, juristischen oder finanziellen Aktionen.

Leiter von Ausbildungsstätten: In Heimen oder Begegnungszentren kann man sich in verantwortungsvoller Position bewähren. Extrem begabt für die Betreuung von Flüchtlingen, Ausländern, Neuankömmlingen verschiedenster Sprachgruppen.

Chef- oder Erzieherfunktion anstreben (auch als Freizeitaufgabe): Geeignet für Position im Personalrat, Aufsichtsrat oder im Management. Man sollte im Elternbeirat oder auch in Gewerkschaften als Sprecher fungieren.

Führungsverantwortung übernehmen: Für Kranke, Ältere etc. werden Beschützerkräfte wach. Außerdem könnten Randgruppen den Einsatz dieser Menschen gut gebrauchen, z.B. Homosexuelle, Lesben etc.

Sportarten: Reiten, Tennis, Golf – alles, was Eleganz oder Stil hat. Kein Leistungsdruck!

Hobby: Lesen von Biographien aus Geschichte und Kultur. Beschäftigung mit Astrologie, Mythologie. Gute Schachspieler.

Politik: Bei Interesse für eine Parteispitze kandidieren. Im Ortsbeirat oder bei Versammlungen das Wort führen und Ziele setzen. Maßgebliche Stellungen in allen möglichen Vereinen anstreben – nicht nur im Wirtshaus!

Man kann sogar missionarische oder beratende Aufgaben übernehmen, eine höhere kirchliche Funktion ausüben. Kunstinstitute warten auf Förderung!

Der Zeigefinger wird seit über 2000 Jahren dem Jupiter zugesprochen, dem obersten Gott des Olymp. Ihn zeichnen Souveränität, Führungskraft, Gerechtigkeit und Selbstbewußtsein aus. Seine Schwäche ist Eitelkeit.

Die Ich-Seite mit besonders ausgeprägtem Mittelfinger:

Die Eigenschaften:

Geeignet für alle prüfenden Tätigkeiten. Man kann Ordnung in Finanzen und Buchhaltungen bringen, gut mit fremdem und eigenem Geld umgehen. Objektivität ist eine gefragte Eigenschaft, vor allem bei Beratungen von Kliniken, Sanatorien, Altersheimen. Man trägt Verantwortung mit großem Ernst und Pflichtgefühl. In allen Bereichen kann man konzentriert und allein am besten arbeiten. Man muß nicht unbedingt in die Öffentlichkeit treten, und auch Teamwork ist nur bedingt zu empfehlen.

Aufgaben in Forschung und Analyse: Zuverlässigkeit in Chemie- und Physiklaboren, technischen und medizinischen Zentren. Bei Meinungsumfragen, selbständigen Textauswertungen, bei Prüfungsbeurteilungen und wissenschaftlichen Berichten ist man mit Sorgfalt und Fleiß am richtigen Platz. Alle soliden und vertrauenheischenden Aufgaben wären neben und nach der beruflichen Tätigkeit in guten Händen.

Lehrer- und Vorbildfunktion: Hier bieten sich alle religiösen, sozialen oder esoterischen Bereiche an. Man kann und sollte auf diesen Gebieten sein Wissen erweitern.

Fürsorge und Betreuung übernehmen: Zum Beispiel bei Organisationen wie Rotes Kreuz, Weißer Ring, Amnesty International, Kirchengemeinden. Kranke, gefährdete Gruppen, Sterbende benötigen die karitative Hilfe dieser Menschen.

Sportarten: Langlauf, Angeln, Yoga, autogenes Training, Schach.

Hobby: Archäologie. Alle Arten von Ausgrabungen, alte Kulturen, antike Werte und sämtliche Religionen finden Interesse, auch philosophische Literatur. Das starke Regenerationsbedürfnis wird am besten durch Klausur, Meditation, Urlaube in Klöstern (mit oder ohne religiöse Bindung) befriedigt. Heilfasten kann guttun.

Politik: Meist kein großes Interesse vorhanden.

Der Mittelfinger wird seit über 2000 Jahren dem Saturn zugesprochen. Saturn war der Gott des Maßhaltens und der Beschränkung, der Prüfer und Mahner. Er verkörperte Sinn und Ernst des Lebens. Starrköpfigkeit kann eine Begleiterscheinung sein.

Achtung:

Der halbe Mittelfinger gehört auch zur Du-Seite der Hand. Bei wem diese Seite stärker betont ist, ordnet bitte diese Eigenschaften der Du-Seite zu.

Die Botschaft der Finger bei der Du-Betonung der Hand

Menschen, die eine ausgeprägte Du-Seite in der Hand haben, geben sich nicht völlig für das Du auf, sondern besitzen sehr wohl auch Eigenbedürfnisse. Ihre Anlagen sind jedoch so geartet, daß die Du-Aufgabe sie am meisten fordert und ihre Kräfte am besten entfaltet. *Das ist besonders wichtig, wenn diese Gaben in Berufsleben und Familienalltag nicht zur Geltung kamen.*

Die Berufsgruppen gelten wiederum für Männer und Frauen.

Die Du-Seite mit besonders ausgeprägtem Ringfinger:

Die Eigenschaften:

Idealismus und Kunstbedürfnis, Schönheitssinn und musische Ambitionen sollten nicht verkümmern! Jede Art von Hobby-Betätigung auf diesen Gebieten – Malen, Musizieren, Schreiben, Tanzen, Theaterspielen, ob allein oder in der Gruppe – ist zu empfehlen. Oft hat man auch die Fähigkeit zum bildnerischen Gestalten.

Familienleben, Umwelt und auch Tiere sind hier in guten Händen. Naturliebe und Schönheitssinn sind ausgeprägt. Oft hat man einen „grünen Daumen". Man liebt sein Heim und die Heimat. Alleinsein ist schwer zu ertragen. Lieber paßt man sich an oder versucht sich einzuordnen.

Talent für die schönen Dinge: Zum Beispiel Mode, Frisuren, Schmuck. Raumgestaltung, Architektur, Gärten und Floristik sollte man beruflich oder als Hobby in Erwägung ziehen. Man kann auch ein gutes Gestaltungsgespür für Schmuck entwickeln.

Gute Publikumskontakte zum Du: Empfangsaufgaben, Repräsentationen auf Messen und Veranstaltungen werden bestens gemeistert. Gute Einsatzmöglichkeiten in Hotels, an der Rezeption oder bei der Gästebetreuung. Ebenso ist Betätigung in der Gastronomie zu empfehlen.

Soziale Bedürfnisse und Fähigkeiten: Das Aufgehen in der Familie, in der Partnerschaft, macht glücklich. Zuhören- und Mitfühlen-Können sollte man unbedingt pflegen! Herz für Kinder, Fürsorge vor allem für Kleinkinder. Man hat oft eine starke religiöse oder soziale Motivation, anderen zu helfen.

Ungewöhnliche Interessen: Neugierde auf Magie, Riten, Okkultismus. Aber auch die Gefahr, nach schwarzer Magie oder Wodoo süchtig zu werden.

Sinn und Gespür für Esoterik: Lust, alles über Edelsteine oder Düfte, Essenzen oder Bachblüten zu lernen und in der Gemeinschaft zu verwerten.

Heiltherapien kennenlernen: Reiki, Heilmagnetismus, Fußreflexzonenmassage kann man gut in der Gruppe lernen oder miterleben. Rückführungen und Channelling üben eine Anziehung aus. Der Wunsch, Heilpraktiker zu werden, ist sehr ausgeprägt, ebenso das Bedürfnis, zu helfen und zu heilen. Aber bitte nicht meinen, daß man berufen sei, andere zu therapieren! Heiler sein kann man nicht lernen – man muß es einfach sein.

Der Hang zu pflegerischen Aufgaben sollte um so mehr genutzt werden (Krankenschwester, Pfleger).

Sportarten: Tanz, Spiele, Gymnastik sowie alle leichteren und fröhlichen Teamsportarten bieten sich an.

Hobby: Spazierengehen oder Wandern. Lesen von Liebesromanen, Biographien. Feste feiern, Geselligkeit pflegen und gute Mahlzeiten kochen. Aber auch esoterische oder psychologische Literatur wecken großes Interesse.

Politik: Keine Aktivitäten, meist nur Mitgefühl für alle Leidenden der Welt.

Der Ringfinger wird seit über 2000 Jahren dem Sonnengott Apollon zugesprochen. Alles, was unser Herz erwärmt, wie die Strahlen der Sonne, wird in diesem Finger symbolisiert: Schönheit, Liebe, Fürsorge, Gläubigkeit, Ideale und Hingabe an ein „Du“. Allerdings oft mehr Wunsch als Wille.

Die Du-Seite mit besonders ausgeprägtem kleinen Finger:

Die Eigenschaften:

Realitätssinn und Redegewandtheit ergänzen sich vortrefflich. Umsichtiges, flinkes Denken ist stets auf Echo und Kommunikation ausgerichtet. Ausgeprägt sind die Gaben des Handelns und Verhandelns. Man kann überzeugen und überreden und meist auch ein gutes Gedächtnis zur Unterstützung einsetzen.

Alle Verkaufs- und Vertreterfunktionen: Man kann sein Publikum überzeugen, ob man Versicherungen, Rasierapparate, Computer oder Alarmgeräte anbietet. An der Börse und in Heiratsvermittlungen ist man gut untergebracht.

Sprachbegabung: Bestens geeignet für das Erlernen aller möglichen Fremdsprachen, um Sprachschulungen und Vorträge zu halten. Leitung von Reisebüros oder Reiseleitungen und Fremdenführungen wären geeignete Berufe oder Freizeitbeschäftigungen. Ebenfalls denkbar: Als Führer in Museen und bei anderen Besichtigungen zu arbeiten.

Praktische Fähigkeiten: Basteln, Rechnen, neue Technologien erlernen. Nachhilfeunterricht geben diese Menschen mit links.

Organisationstalente und Werbeexperten: Geldinstitute brauchen solche Berater für ihre Kunden. Detektivische Begabung ist oft vorhanden. Können als Kritiker oder Karikaturisten Lorbeeren verdienen.

Unterhaltungs-Talent: Redner oder Alleinunterhalter bei Festen und in Vereinen; begabte Büttenredner, auch Kabarettisten. Kasperletheater für Kinder, Clownerien haben immer Erfolg. Man kann Jubiläums- und Festtagszeitschriften konzipieren.

Hobby: Reparaturgenies – auch mal ohne Profit einsetzen! Interesse könnte man an Numerologie, I Ging, Farbberatung, Steinen und Runen gewinnen – oft bringt das auch materiellen Gewinn.

Alles Extreme interessiert: Ufos, Außerirdische, Raumfahrt, Atlantis. Als Lektüre oft bevorzugt: Krimis und tagesaktuelle Illustrierte.

Sport: Leichtathletik, Turnen, Spiele – aber immer in Maßen!

Politik: Außer Kurswerten, Aktien und Dax kein großes Interesse.

Der kleine Finger wird seit über 2000 Jahren dem Merkur zugeordnet. Er war der Bote zwischen Göttern und Menschen. Er vermittelte und überzeugte mit flinken Taten und pfiffigen Worten. Allerdings nahm er es mit der Wahrheit nicht so genau.

> *Wer eine Hand hat, in der weder die Ich- noch die Du-Seite besonders ausgeprägt ist, kann in seinen Neigungen hin- und herpendeln. Er sollte nur nicht zu lange schwanken, sondern sich entscheiden und dann dabei bleiben.*

Handsignale: unterstützend oder hemmend?

Es ist wohl anzunehmen, daß alle Leute eigentlich gut miteinander auskommen wollen. Ausgesprochene Aggressions-Stinkstiefel sind glücklicherweise selten. Abgesehen davon ist es ja auch sehr aufreibend, dauernd zu streiten.

Natürlich gibt es Phasen, in denen wir stärker dazu neigen, die Umwelt anzupöbeln. Sie kennen das alle von Jugendlichen in der Pubertät, bei denen sich die unbewußte Wut auf die Erwachsenen übernormal steigert. Das ist aber nur eine vorübergehende Entwicklung.

Sehr unschön, weil gleichzeitig schmerzvoll, sind Reizbarkeit und gegenseitige Ausbrüche während einer Ehekrise. Da ist der Mensch manchmal wirklich nicht mehr wiederzuerkennen. Bosheit, Zorn und Wut kriechen aus dem Hinterhalt unseres Wesens hervor und ergreifen Besitz von uns.

Zähflüssiger und oft langwierig sind die Eltern-Kind-Konflikte, die häufig weit über die Pubertät hinaus andauern. Wenn schon die Liebe fehlt, so kann sich leider auch nicht die Vernunft durchsetzen. Schuldzuweisungen fliegen wie steinerne Bälle hin und her.

Solche tiefwurzelnden Ehe- und Familienkonflikte lassen sich schwer beheben. Gute Ratschläge verpuffen, außerdem sind die Dissonanzen kaum zu durchschauen.

Hat man eine oder zwei Schalen der Zwiebel des Übels erkannt, liegen darunter noch etliche andere verborgen. In solchen Ausnahmezuständen sind drohende Gesten – ob bewußt oder unbewußt – von uns und vom Partner ungleich häufiger. Aber der Mensch ist nicht ständig und gegen jeden mit diesen Affekten vollgepumpt. Bitte beachten Sie dies, bevor Sie Ihr Urteil fällen.

Sehr viel besser kann und sollte man mit den Diffamierungen, die in der Öffentlichkeit praktiziert werden, umgehen lernen! Die uns von allen Medien unermüdlich vorgetragenen Beschimpfungen von schwarz gegen weiß, blau gegen grün oder rot gegen gelb sind lächerlich, abgegriffen und absolut nicht überzeugend. Das Witzigste daran ist, daß die Kontrahenten sich privat und außerhalb des öffentlichen Interesses oft recht gut verstehen! Aber man verlangt von ihnen, dem anderen die geballte Faust zu zeigen. Lenkt es doch gerade in der Politik so schön vom eigenen Versagen ab!

Das erinnert uns an etwas, das wir manchmal in der Kindheit gemacht haben, um den wahren Sachverhalt zu vertuschen. Springen wir kurz zurück in die Schulzeit:

Man stürmt höchst dramatisch und aufgeregt ins Zimmer und berichtet lauthals, der Feigling Max habe angefangen, einen hinterrücks zu treten, so daß man einfach zurücktreten mußte, ja, man soll sich doch wehren! Und dabei sei der Max gestürzt und gegen ein Fahrrad geflogen – das stand eben so blöde da, das Fahrrad. Und das ist jetzt total im Eimer, Lenkrad verbogen, und der blöde Max hat das auch gleich im Laden gesagt, wo der Mann, dem das Rad gehörte, drin war. Und der Max sagt, man sei schuld, wo man doch nur zurückgetreten hat, weil man sich ja nicht alles gefallen lassen soll ...!

Tja, vielleicht kennen Sie die Geschichte von Ihrem Sohn, wenn Sie sie nicht selbst erlebt haben?

Sie wußten natürlich sofort, daß der Sohn schuld war und sicher zuerst getreten hat. Woran haben Sie das gemerkt?

An der Überbetonung, an den dauernden Wiederholungen, am Gestikulieren – es war einfach „drei Nummern zuviel"! Und das übersetzen Sie nun bitte in unsere Erwachsenenwelt.

Anderes Beispiel: Büroalltag

„Wie konnten Sie dem Chef erzählen, ich hätte die Kundin am Telefon schlecht behandelt? Ich habe kein abfälliges oder böses Wort gesagt. Ja, ich hab die Zunge rausgestreckt und den Vogel gezeigt ... na und? Hat sie doch nicht gesehen, die blöde Kuh! Und daß ich sie dabei nachgemacht und Grimassen geschnitten habe, – das konnten nur Sie sehen! Die Alte war ja 100 Kilometer entfernt. Wie kann sie sich da beschweren ..."

Hinter der hochgeplusterten, lautstarken Erklärung liegt natürlich ein Schuldeingeständnis. Sie hat zwar keine beleidigenden Worte gesagt, aber die Kundin, 100 km entfernt, hat genau gespürt wie abfällig sie behandelt wurde.

Übertriebene oder falsche Beteuerungen sind meist mit lebhaften Gesten und Bewegungen verbunden. Scheinbar freundliche Worte glaubt man nicht, wenn der Sprechende dabei abfällige Gesten macht – auch wenn man den Telefonierenden nicht sieht.

Auch Sie sind bestimmt schon in südliche Länder gekommen und haben da mit anfänglicher Verwunderung und später mit Erheiterung und großem Vergnügen die lautstarken Anpreisungen der Händler in Basaren und auf Märkten erlebt. Bei den arabischen Völkern ist das Feilschen, das Über- und Unterbieten Teil ihres Lebenskolorits. Das wilde Gestikulieren mit Anrufung aller Götter und sämtlicher Heiligen, daß dies alles echt und antik sei und hundertmal mehr wert – das glaubt natürlich niemand, aber das weiß man!

Allerdings – einmal ist immer das erste Mal …

Mein Mann und ich machten vor über zwanzig Jahren eine Kreuzfahrt in die Länder des fernen Ostens. Afrika und Israel zu erleben war überwältigend! Und alles war fremd und neu!

Unsere Reisegruppe wurde bei Jerusalem in einen Schmuckbasar geführt. Es funkelte und blitzte überall. An einer langen, goldschimmernden Kette mit zwei entzückenden Glockentürmchen an den Enden konnte ich mich nicht sattsehen. Ich machte mit drei Fingern die internationale und weltweit bekannte Geste: „Was kostet es?"

Und der Händler sprach ein wenig deutsch! Er flüsterte: „Echt Silber – vergoldet! Für Sie, Madame, 20 Mark!"

Mein Mann tippte hinter dem Verkäufer mit der ebenfalls international bekannten Geste an seine Stirn: „Für zwanzig Mark – Silber! Und vergoldet!!" – und wandte sich ab.

Der Händler aber umklammerte mich. Mit verdrehten Augen, die Hände winkend zum Himmel erhoben, als rufe er alle Götter auf einmal an, krächzte er: „Madame, ich schwöre Ihnen – bei meinem Leben – es ist vergoldet!!“

Ich konnte nicht widerstehen und beschwor mit der gleichen Inbrunst meinen Mann: „Bitte, bitte! Es ist vergoldet!!“

Ich habe das niedliche Blechkettchen heute noch.

Zurück zum Ernst des Lebens und zu den Gesten, die – leider – die entgegengesetzte Meinung signalisieren, auch wenn die Worte dies Lügen strafen. Wir haben einige schon mit dem Schreibtischverhalten der Elementgruppen kennengelernt.

Generell gilt:

Alle Gebärden, die wir an uns selbst ausüben, indem unsere Hände meist unsere Sinnesorgane befragen, sollten Ihre Aufmerksamkeit wecken!

Der Partner ist durch irgend etwas Ihrerseits nervös, hellhörig, mißtrauisch oder aufmerksam geworden. Unsere Sinnesorgane – Augen, Nase, Ohren, Mund – sowie unsere Gefühle (Gedanken) sind im Gesicht gut erkennbar. Die Hand geht im Gespräch dorthin, um sich Verstärkung, Bestätigung oder Kontrolle zu holen.

Wenn Sie diese Gesten ausführen, sieht Ihr Partner das auch. Er bekommt dann sofort mit, was Sie irritiert hat oder beschäftigt.

Diese Bewegungen gelten für alle Elementgruppen. Sie wissen aber schon, daß einige der Gesten besonders oft, nur gelegentlich oder kaum von einer Gruppe ausgeführt werden. Das schwächt oder verstärkt ihre Aussage.

Die Stirn (Fühlen, Denken)

Bewußte Gesten:

Mit den Knöcheln der eigenen Faust an die Stirn klopfen:

„War ich blöd! Ich Idiot! Sowas! Wie dumm von mir!"
Ist eigentlich immer eine Selbstkritik, Selbstbestrafung, nicht gegen den anderen gemünzt.

Mit der geschlossenen Innenhand zwei- bis dreimal gegen die eigene Stirn schlagen:

Gleiche Bedeutung wie oben.

Mit dem Zeigefinger kurz an die Schläfe tippen:

„Köpfchen! Klar! Hab ich kapiert!" Meist hebt man dann noch den Finger kurz zum Partner gerichtet in die Höhe: „Alles klar!"

Unbewußte Gesten:

Über die Stirn waagerecht hin und her streichen (Foto 19):

„Was meinte er? Darüber muß ich nachdenken! Habe ich das richtig verstanden?"

Die Stirn von der Nasenwurzel her mit dem Zeigefinger zwei- bis dreimal langsam hochstreichen (Foto 20):

„Das muß ich mir merken. Sollte ich mir einprägen. Das darf ich nicht vergessen!"

Mit dem Zeige- und Mittelfinger die Schläfe seitlich leicht auf- und niederstreifen (Foto 21):

„Hm … möglich … eventuell … mal sehen!" (Man weiß noch nicht recht.)

Hand geht zum Scheitel und streift oder kratzt dort am Kopf:

„Ach so, ach so! Richtig, richtig! Donnerwetter! Hätte ich doch glatt vergessen!" (Dies ist allerdings eher eine männliche Geste.)

Die Stirn und die Haare

Bewußte und ebenso unbewußte erotische Gesten:

Die Hände spielen bei Frauen in den eigenen Haaren:

Koketterie, Eigenliebkosung.

Imaginäres Kämmen:

Verdeckte Nervosität, man will etwas in Ordnung bringen, sich selbst dabei beruhigen, auch sich selbst streicheln.

Die Augen (Sehen)

Bewußte Gesten:

Mit der flachen Hand vor den Augen auf und nieder wedeln:

„Na, der ist wohl bißchen bescheuert! Hat der Tomaten auf den Augen!“

Die Augen schließen, das Gesicht leicht abwenden. Die gefühlsmäßige linke Hand wird leicht gefächert vor das halbe Gesicht gehalten:

„Frag mich nicht! Entsetzlich! Ich war außer mir!“

Das Augenlid wird mit dem Zeigefinger heruntergezogen:

„Mit mir doch nicht! Ich bin doch nicht blöd! Holzauge, sei wachsam!“

Unbewußte Gesten:

Eine Ecke des Augenlids oder unter dem Auge leicht mit dem Zeigefinger reiben (Foto 22):

„Ja, … hm … also mal sehen …“ Man ist leicht irritiert, weiß nicht, ob man „klar sieht“.

Zeigefinger und Daumen kneifen zwischen den Augenbrauen eine Falte, die Augen senken dabei den Blick (Foto 23):

„Moment … jetzt erstmal nachdenken … nichts übereilen … sammeln. Konzentrieren …“

Die Augen suchen über sich oder in der Ferne Bilder. Die linke Hand vollführt dabei vor dem Gesicht unbestimmte, meist verhaltene Gesten:

Sehr häufig bei erzählenden oder emotional bewegten Gesprächspartnern. Der Sprechende sucht in seinem Inneren Worte, um das, was er sagen will, möglichst plastisch zu beschreiben. Nicht stören oder unterbrechen! Nicht denken: „Ach, der/die sieht mich ja gar nicht an!“ Die linke Hand unterstreicht unbewußt die Gefühle und Gedanken. Das ist auch ein Vertrauensbeweis an den Zuhörenden. Man will ihm Einblick in sein Inneres geben.

Eine solche Geste ist stets als positive Kommunikation zu bewerten.

Die Augen werden von der – meist linken – Innenhand bedeckt, wie von einem Sonnenschutz. Der Kopf ist leicht geneigt:

Achtung:

Zum einen ist dies eine eindeutige Geste der Bewegung und Trauer:

„Ich darf gar nicht daran denken … es war so furchtbar … ich komme gar nicht darüber hinweg."

Zum anderen werden die Augen genauso verdeckt, um Betrübnis vorzutäuschen, die gar nicht echt ist. Man versteckt dahinter und hinter bedauernden Worten das völlig gleichgültige Gesicht, das womöglich sogar Schadenfreude zeigen würde.

Abnehmen der Brille und leichtes Schließen der Augen:

In seltenen Fällen nur Übermüdung, meistens eine unbewußte Reaktion:

„Irgend etwas sehe ich falsch – oder nicht scharf? Da ist doch einiges unklar!"

Ein Finger putzt ein Stäubchen vom Brillenglas oder streift über den Brillenrand:

„Etwas stört … irgendwie ist die Sache verschwommen – was scheint mir da nicht zu stimmen? Ich muß das noch besser durchschauen!" Die Brille – das doppelte Auge – wird wieder aufgesetzt.

Leichtes Zusammenklappen der Brillenbügel vor den Augen, Wiegen der Brille mit beiden Händen, leichtes Schwenken der Brille mit der rechten Hand vor dem Gesicht:

„Ich weiß nicht … ich muß das erst prüfen … das ist noch nicht so klar, wie es sein sollte!“

Achten Sie auf diese drei Signale! Das Gespräch könnte eine gute Wendung nehmen mit Ihrer Frage: „Sehen Sie das auch so oder anders? Wenn Sie noch Genaueres wissen möchten – ich bin gerne bereit, Auskunft zu geben.“

Falsch wäre jetzt:

„Also – wir sind uns einig! Wie besprochen, alles ist paletti.“

Damit stören Sie einen überlegenden Denkprozeß.

Die Brille wird nachdrücklich oder wütend auf den Tisch geknallt:

„Jetzt reicht es! Der denkt wohl, ich bin blind und sehe das nicht!“

Man hat sich eine andere Sicht (Ansicht!) der Dinge zugelegt.

Die Brille wird intensiv geputzt:

„Nur Zeit gewinnen. So paßt es mir gar nicht. Also – nochmal von vorne!“

Die Nase (Riechen)

Bewußte Gesten:

Nase rümpfen:
Nase zuhalten:
Nase links und rechts verziehen:
Nase mit zwei Fingern zuhalten:

„Ihhh, pfui Deibel! Das stinkt ja wie die Pest! Pfui!“

Unbewußte Gesten:

Die Nase mit dem Zeigefinger betupfen:

„Hallo, hallo, wachbleiben! Da qualmt doch was! Da rieche ich Unrat!“

Der Zeigefinger fährt unter der Nase leicht hin und her, dabei wird der Mund immer wieder schnell verdeckt (Foto 24):

Unschlüssigkeit, gewisse Unsicherheit, man weiß noch nicht, was man sagen soll. Etwas ist einem sehr unangenehm:

„Ja … natürlich, so gesehen haben Sie recht … man sollte vielleicht trotzdem …“

Mit dem Daumen und dem Zeigefinger die Nase rauf- und runterstreifen (Foto 25):

Man will „den Braten riechen“. (Wie oben)

Das unbewußte Reiben und Streichen der Nase zeigt immer an, daß etwas im Gespräch „stinkt“!

Der Mund (Schmecken)

Bewußte Gesten:

Die Lippen lecken:

Etwas schmeckt, meist süß.

Die Lippen breit ziehen:

Etwas ist sauer, bitter.

Die Lippen mit dem Finger verschließen:

„Psst, ich sage nichts!“

Mit der flachen Innenhand auf den Mund schlagen:

„Hätte ich nur nichts gesagt! Wie dumm, wie dumm!"

Unbewußte Gesten:

Die flache Innenhand verschließt beim Zuhören leicht den Mund:

Wachsamkeit, Kontrolle: „Bloß nichts verraten! Vorsicht – nicht gleich reden! Die Worte gut überlegen!"

Reden mit der Hand vor dem Mund (Foto 26):

Nuscheln, leises und undeutliches Sprechen.

In sich gekehrt, stark introvertiert, man will kaum auf den Partner eingehen. Auch eine gewisse Arroganz und Mißachtung:

„Soll der doch zuhören! Ich will mich nicht anstrengen!"

Versprechungen und Zusicherungen werden so zurückgehalten und „verhuscht".

Beim Zuhören den Zeigefinger zwischen die Zähne legen und darauf herumbeißen:

Starke Eigenkonzentration. Man beißt (auf dem Finger) die Zähne zusammen. Man macht sich wach! Das Problem ist nicht einfach, also sich lieber selbst wehtun, als etwas Unbedachtes aus dem Mund herauszulassen.

Die Lippen stark zusammenpressen oder sich auf die Lippen beißen (Foto 27):

„Nichts sagen! Zusammenreißen! Jedes Wort könnte jetzt falsch sein!"

Das Kinn (Fühlen)

Bewußte Gesten:

Die Hand stützt das Kinn ab:

Entweder das Kinn in die Innenhand gelegt oder auf die Finger aufgestützt. Konzentration, Aufmerksamkeit.

Vorsicht!

Oft wird diese Geste auch bei Ermüdung und Langeweile benutzt – man schläft fast ein.

Die flache Hand klopft mit dem Handrücken unters Kinn:

„Es steht mir bis hierher! Jetzt reicht es mir!“

Unbewußte Gesten:

Vom Mundwinkel aus mit Daumen und Zeigefinger zum Kinn streichen (Foto 28):

(Wie einen Bart streichen, auch wenn man keinen hat. Kommt häufiger bei Männern vor.)

Das Kinn seitlich auf- und niederstreichen, auch mit der flachen Hand einen imaginären Bart streichen oder mit den Fingern am (ebenfalls imaginären) Bart zupfen (Foto 29):

Energien mobilisieren, sich wachmachen. Manchmal Zeichen von Skepsis und aufsteigendem Mißtrauen. Auch erotische Signale.

Die Ohren (Hören)

Bewußte Gesten:

Hand als Muschel hinterm Ohr:

„Ich höre leider etwas schlecht."

Ohren mit beiden Händen zuhalten:

Störenden Lärm abriegeln.

Unbewußte Gesten:

Hand als Muschel hinterm Ohr:

„Das mußt Du nochmal laut sagen! Ich hab wohl nicht recht gehört: Was kostet das??"

Ohren mit beiden Händen zuhalten:

„Schluß! Aus! Ich will kein Wort mehr hören!"

Am Ohrläppchen ziehen:

Immer ein Zeichen unbewußter Aktivierung und Aufmerksamkeit:

„Was höre ich da ...? Moment mal, hab' ich richtig verstanden ...?"

Hinter dem Ohr kratzen oder kitzeln (Foto 30):

Sich munter machen, um besser hören zu können:

„He ... he ... he ... hallo! Das ist ja sehr merkwürdig ... stimmt das denn wirklich?"

In den verschiedenen Gesten, die alle Kontakt mit unseren Sinnesorganen aufnehmen, sucht sich die Hand eine Verstärkung, um die mündlichen Aussagen zu unterstreichen.

Zum einen bewußt als verständliche Kommunikationssignale, zum anderen unbewußt als Reaktion auf Gehörtes, was oft im Gegensatz zu den gesprochenen Worten steht.

Es gibt natürlich noch zahlreiche andere Gesten, die wir hier in Wort und Bild vorstellen könnten. Sie kennen viele davon aus dem täglichen Umgang:

Die betenden Hände, die geballten Fäuste, den Cäsarendaumen nach oben (Sieg!), den Cäsarendaumen nach unten (Aus! K.O!).

Sie wissen, daß der geziert abgespreizte Kleinfinger vornehm wirken will und die gekrallte Hand dem anderen das Gesicht zerkratzen möchte.

Dazu brauchen Sie eigentlich keine Erklärungen!

Aber die versteckten Botschaften, die uns die Hände vermitteln, wenn sie – ohne daß wir es merken – neben dem gesprochenen Wort etwas über unser Gegenüber aussagen, können uns einiges erzählen! Dann gilt die alte, häufig gehörte Volksweisheit doppelt:

„Hände sprechen Bände!“

Die internationale Sprache obszöner Gesten

Über die unmißverständlichen wortlosen Verständigungssignale „Ich habe Hunger“, „Mir ist kalt“, „Ich möchte trinken“ haben wir zu Anfang des Buches gesprochen.

Nun gibt es noch einen Bereich, der zwar nicht immer vornehm, aber in der Körpersprache der Hände weitverbreitet und international bekannt ist. Das sind die sogenannten obszönen Gesten. Sie sind zahlreich, oft uralt und in allen Ländern der Erde zuhause.

Es ist statistisch belegt, daß sie zu 90% von Männern für Männer als Signale weitergegeben werden.

Heute ist die Welt klein: Sämtliche Rassen und Sprachen treffen allerorten aufeinander. Der Franzose weiß genau, mit welcher Geste er dem Eskimo zu verstehen gibt, daß die Dame im Büro einen umwerfend tollen Busen hat. Er hebt mit den wie Schalen geöffneten Händen vielsagend zwei imaginäre Brüste an. Das versteht der Eskimo sofort!

Daumen und Zeigefinger zum Ring gebogen und der mehrfach diesen Ring durchstoßende Zeigefinger der anderen Hand ist eine klare Verständigung zwischen dem Mann aus Kurdistan und dem Touristen aus dem Berner Oberland: „Bei der kannst Du sofort und so oft Du willst im Bett landen!“ Das hat sich in Jahrhunderten als stumme Verständigung zwischen Männern entwickelt. Man muß das verstehen: Religiöse Vorschriften, gesellschaftliche Tabus, strenge Rituale und überall lauschende Ohren machten das bisweilen und in bestimmten Kulturen notwendig.

Bei Mädchen kaum, bei Frauen weniger verbreitet als bei Männern waren natürlich die entsprechenden Gesten, um etwas über die Qualitäten der Männer zu erzählen. Heute ist das in der westlichen Welt schon lockerer. Ein entzückter Blick zum Himmel und mit Daumen und Zeigefinger eine beachtliche Spannweite anzeigend, beschrieb der japanischen Besucherin deutlich, womit sie bei dem türkischen Kellner zu rechnen hatte.

Und im Vorbeigehen 1-2-3-4 mit den Fingern zählend signalisierte der schwedischen Nachbarin an der Bar, die man vor einer Stunde mit einem baumlangen, lachenden Nubier verlassen hatte: „Viermal hintereinander – sehr zu empfehlen!“

Dieses weitverbreitete Gebärdenspiel wollen wir nicht länger unter die Lupe nehmen, es ist nämlich wie die internationalen Verständigungsgesten „Hunger“, „Durst“, „Komm her!“, „Geh weg!“ ganz eindeutig. Man will bewußt mangels Worten diese und keine andere Botschaft vermitteln.

Die Signale der Liebe und der Erotik

Dann gibt es noch einen Bereich, in dem in aller Öffentlichkeit, in allen Nationen und in allen Altersstufen die Gebärden der Hände eine äußerst beredte Sprache sprechen, die von einem Menschen zum anderen übermittelt und verstanden wird. Von einem Menschen zum anderen – und drumherum verstehen es die Leute nicht. Sie sehen jede dieser Gesten mit anderen Augen und geben ihnen eine allgemeine Bedeutung.

Das sind die Morsezeichen der Liebe oder der Erotik, die zwischen zwei Menschen hin und her funken, leuchten, brennen, explodieren!

Und da gibt es keine Erklärungen! Jede Bewegung hat eine bestimmte und unmißverständliche Botschaft für den einen Menschen. Diese Gesten werden fast immer unbewußt aus dem Inneren diktiert.

Da sitzen und stehen mehrere Menschen in einem Raum, bei einem Empfang, einer Gesellschaft, einer Vernissage, einer Museumsbesichtigung oder einer Parteikundgebung.

Und da treffen sich vier Augen – und alles bekommt eine neue, eine besondere Bedeutung!

Die Frau streicht etwas verwirrt und lächelnd über ihr Haar – und alle drumherum, die es sehen, denken: „Naja, sie streicht über ihr Haar, warum soll sie nicht mit der Hand über ihr Haar streichen!“ Nur der eine, der vier Meter von ihr entfernt steht, den durchzuckt es siedendheiß, und er spürt: „Sie meint mich! Sie streichelt mich!“

Und er steckt beide Hände in die Hosentaschen, und alle drumherum, die es sehen, denken: „Naja, er steckt die Hände in die Hosentaschen, warum soll er seine Hände nicht in die Hosentaschen stecken!“ Nur die eine, die vier Meter entfernt von ihm steht, bekommt Gummibeine und Flimmern vor den Augen, und sie weiß: „Er meint mich – ich bin interessant für ihn!“

Jede belanglose Geste, die tausendfach getan und tausendfach beobachtet wurde, hat zwischen zwei Menschen, in die „der Blitz einschlug“, eine spezielle Aussage.

Man führt ein Glas an den Mund, man trinkt – aber man trinkt keinen Wein! Man stellt das Glas ab, und die Fingerspitzen gleiten über den Rand des Glases – aber das Glas ist nicht gemeint!

Man streicht nachdenkend über die Stirn – aber zwischen den Fingern suchen die Augen dieses eine Gegenüber. Man zieht den Rock leicht über das Knie – er war gar nicht verrutscht –, aber die Geste sagt: „Nicht vor den Leuten …“ – dabei sehen die Leute gar nichts.

Und das ist wundersamerweise allen Elementgruppen gegeben, und alle verfügen in diesem Zustand über weit offene Antennen.

Der Choleriker weiß, daß die Fingerspitzen, die auf dem Mund der Melancholikerin liegen, einen glühenden Kuß bedeuten; der Sanguiniker weiß sofort, daß die sich verzahnenden Hände der Phlegmatikerin ihn jetzt drücken – alle Gesten sind Liebesbotschaften zwischen zwei Menschen.

Sie kennen alle die Redewendung: „Liebe macht blind.“ Aber nein, nichts macht so hellsichtig und hellhörig für die Botschaften des anderen wie die Liebe! Blind werden – leider – viele Menschen später, wenn dann bei Partnern ein Haarestreichen nur ein Haarestreichen ist, ein Hände-in-die-Hosentaschen-Stecken nur ein Hände-in-die-Hosentaschen-Stecken ist …

In einem traurigen Zustand finden wir diese Hellsichtigkeit und Hellhörigkeit für den Partner wieder: im Zustand der Eifersucht.

Aber da sieht nur einer von beiden die Signale, die dann Botschaften wie glühende Pfeile sind.

Übrigens:

Wenn Sie momentan gerade diesen wunderbaren Zustand des „Blitzeinschlags“ erleben, dann brauchen Sie kein Buch über Körpersprache und die Signale der Hände zu lesen – Sie verstehen alles!

Literaturverzeichnis

Eisler-Mertz, Christiane: Gekonnt verhandeln. Ullstein, Berlin 1996

Eisler-Mertz, Christiane: Handdeutung schnell und leicht. Falken, Niedernhausen 1996

Eisler-Mertz, Christiane: Selbstsicherheit durch Körpersprache. Goldmann, München 1989

Mertz, Bernd A.: Praxis der Handanalyse. Ariston, Genf 1989

Molcho, Samy: Körpersprache als Dialog. Mosaik, München 1988

Spieth, Rudolph: Menschenkenntnis im Alltag. Bertelsmann 1967

Stein-Böge: Charaktertypen. Carl-Marhold-Verlag, Berlin 1952